双赢战略

绿色崛起的大数据革命

连玉明◎主编

中信出版集团 · CHINACITICPRESS · 北京

图书在版编目（CIP）数据

双赢战略 / 连玉明编著 . —北京：中信出版社，2015.7
ISBN 978-7-5086-5273-3
I. ①双… II. ①连… III. ①城市－生态文明－文明建设－研究－中国②城市经济－经济发展－研究－中国
IV. ①X321.2 ②F299.2
中国版本图书馆CIP数据核字（2015）第117724号

双赢战略

编　　著：连玉明
策划推广：中信出版社（China CITIC Press）
出版发行：中信出版集团股份有限公司
（北京市朝阳区惠新东街甲4号富盛大厦2座　邮编　100029）
（CITIC Publishing Group）
承 印 者：北京通州皇家印刷厂

开　　本：880mm×1230mm　1/32　　印　　张：9　　字　　数：172千字
版　　次：2015年7月第1版　　印　　次：2015年8月第2次印刷
广告经营许可证：京朝工商广字第8087号
书　　号：ISBN 978-7-5086-5273-3 / F · 3404
定　　价：49.00元

目 录

序 言 坚守两条底线，探索双赢之路 //IX

导 语 中国再平衡 //XIII

第一篇 坚守两条底线：在升级中全面转型

第一章 生态文明引领新常态

总书记关注什么 //004

“爽爽的贵阳”十个一 //015

中国城市的“生态示范” //028

第二章 “六大工程”打造贵阳升级版

从0到N的平台革命 //038

大数据引领产业升级 //042

疏老城，建新城 //047
从“两严一降”看社会治理创新 //052
三足鼎“筑”的精神大厦 //058
和合的向心力 //065

第三章 “千园之城”重塑生态观
南明河，母亲河 //072
永远的“三口水缸” //077
都市的“五朵金花”：贵阳的绿肺和氧吧 //083
高原明珠上的“大溪流、大花园” //090
从新加坡“花园城市”到贵阳“公园城市” //094

第二篇 坚持创新驱动：在跨越中后发赶超

第四章 从“火车头”到“动车组”
贵阳的角色 //104
后发优势 //110
三十年河东，三十年河西 //116
从“高速度”到“加速度” //121

在协同创新中后发赶超 //128

第五章 从“四位一体”到“四轮驱动”

牵手中关村 //135

“四位一体”推动科技创新 //142

“四轮驱动”推动全面升级 //148

改革驱动创新，创新驱动发展 //157

第六章 从“贵漂时代”到“创客贵阳”

贵阳已发生什么——具备创新创业的基础 //165

贵阳正发生什么——引领新一轮创新创业 //174

贵阳将发生什么——实现全面发展与转型 //182

第三篇 坚定大数据引领：在双赢中彰显示范

第七章 “中国数谷”的绿色崛起

大数据战略策源地 //191

块数据催生“中国数谷”崛起 //199
共创国家级大数据产业发展集聚区 //207
“数据新政”重塑治理模式 //213

第八章 《贵阳共识》和《大数据贵阳宣言》
从生态文明贵阳国际论坛到《贵阳共识》 //219
从贵阳数博会到《大数据贵阳宣言》 //227
贵阳的“双赢效应” //234

第九章 大数据，绿生活
旧常态为什么难以为继 //241
新常态究竟靠什么引领 //251
大数据如何驱动绿色崛起 //257

结 语 鱼与熊掌兼得 //269

坚守两条底线，探索双赢之路

肇始于英国、集大成于欧美、蔓延至世界范围的工业文明，在为人类带来经济社会快速发展、创造出不可估量的巨大财富的同时，也产生了一系列负面效应：资源能源枯竭、环境污染、生态破坏、人与自然矛盾激化。人类因此而付出的代价、得到的惩罚已经到了“不能承受之重”的地步。实践证明，“生态兴则文明兴，生态衰则文明衰”，这是一条不以人的意志为转移的普遍规律。

正是在这一大背景下，党中央提出了建设生态文明的伟大构想，将其作为“五位一体”总体发展格局的关键一环。2014 年 3 月 7 日，习近平总书记在参加全国“两会”（“中华人民共和国全国人民代表大会”和“中国人民政治协商会议”）贵州代表团审议时明确要求：要坚守发展和生态两条底线，切实做到经济效益、社会效益、生态效益同步提升。5月27日，习近平总书记在华东七省市党委主要负责同志座谈会上又将建设良好生态环境上升到人民生活质量的增长点、展现我国良好形象的发力点的高度。我们提出要坚守两条底线，走双赢之路，就是期望加快发展与改善生态“一个都不能少”，既不能为了挣得金山银山牺牲绿水青山，也不能为了保住绿水青山而放弃金山银山，而是既要加速发展赢得金山银山，又要改善生态拓展绿水青山，甚至实现“绿水青山就是金山银山”的双赢。

但现实是，贵阳是西部省会城市，长期以来，一直处于欠发达、欠开发、欠开放的状态。有人曾经评价我们是生态上山清水秀、经济上一穷二白。更严峻的是，由于特殊的自然条件和地质构造，我们的生态环境十分脆弱，一旦破坏就很难修复甚至无法修复。而长期经济发展滞后又使得我们在推动脱贫致富，实现2020年与全国同步全面建成小康社会这一宏伟目标上，成为难度最大、挑战最为艰巨的省份之一。要破解这一尴尬局面，走出一条经济发展和生态改善的双赢之路，绝不是一件容易的事。

作为贵州的省会，作为全省经济社会发展的“火车头”、“发动机”，贵阳的双赢之路该怎么走？经过广泛深入的调研，我们发现，当前以大数据、云计算、互联网为代表的第三次科技革命浪潮席卷全球，“互联网+”正在成为变革传统产业格局，推动新一轮经济繁荣发展的关键性力量。而这种变革与重构，给予在上一轮经济发展中滞后的地区以前所未有的机遇。举个简单的例子，由于世界的互联互通，一个在贵阳的创业者只需要一台电脑、一根网线、一间办公室就可以和全世界做生意，在工业时代，由技术、经验、资本形成的创新创业壁垒已经被打破。因此，贵阳这一工业时代的追随者有机会成为大数据时代的领跑者。

对贵阳来说，实现跨越式、绿色化的发展，就绝不能再走“先污染后治理”的弯路，也不能跟在东部发达城市后面走逐步工业化的老路，必须走一条开放带动、创新驱动的新路。这条路就是继续高举建设全国生态文明示范城市的大旗不动摇，集中力量实施“六大工程”、打造六个方面的升级版，特别是要大力发展以大数据为代表的高新技术产业，加快构建以大数据为龙头的全产业链、全服务链和全治理链，率先在全国实现“条数据”与“块数据”深度融合，推动产业转型升级，提升政府治理能力，实现民生服务的长尾化，最终建成“块数据”城市，实现“五位一体”的系统升级。

可喜的是，一年多来，我们不仅做了一些事，而且做得比较出彩、比较成功。尤其是我们探索了“六个率先”，即率先创建国家级大数据产业发展集聚区、率先举办国内首个以大数据为主题的博览会和峰会、率先成立大数据交易所、率先建设全域公共免费Wi-Fi城市、率先提出块数据理念并探索建设块上集聚的大数据公共平台、率先成立大数据战略重点实验室。依托这些率先探索，贵州正逐步成为“互联网+”时代创业和投资者的首选地。

《双赢战略》一书，正是这样一部全景式展现贵阳发展理念、发展战略、发展模式、发展布局的著作，特别是对生态文明建设，对贵阳探索双赢之路、打造发展升级版和实施大数据引领战略的阐释，既系统描述了贵阳正在做的、即将做的和想要做的事情，又为读者提供了一个了解贵阳、了解贵州和了解未来的窗口。衷心希望，本书能为广大读者带去一些思考、一点共鸣和一份希望。

"世上本没有路，走的人多了也便有了路。"回望过去，我们抓住了"互联网+"这个千载良机，做出了通过发展大数据以更高水平建设生态文明的战略选择。展望未来，我们坚信，有从中央到地方、从政界、商界到学界的全力支持，有生态建设的先天优势和经验积累，有一支想干事、真干事、会干事、能干成事的党员干部队伍，我们就有信心和决心，攻坚克难、埋头苦干，将贵阳打造成为生态文明交流平台的搭建者、实践探索的试验者、路径选择的示范者和创新发展的实干者。

陈刚

2015 年 6 月于贵阳

导 语

中国再平衡

中国发展进入了新常态。认识新常态、适应新常态、引领新常态，是当前和今后一个时期中国发展的大逻辑。新常态是相对旧常态而言的，旧常态的突出特点是失衡，是难以为继的；新常态的核心是实现再平衡，目标是后发赶超、绿色崛起，进而实现可持续发展。

新常态表现为五个“中”，工业化中后期、中高速经济增长期、中高端发展水平的提升期、新型城镇化的中期、中等收入陷阱跨越的关键期。在这样一个时期，旧常态下高能耗、高污染的发展模式难以为继，以要素驱动为核心的粗放型增长模式难以为继，高速、低质的发展模式难以为继，以土地城镇化为核心的发展模式难以为继，重经济、轻社会的发展模式难以为继。之所以难以为继，就是因为“失衡”。

中国现在不平衡吗？回顾改革开放30多年所走过的历程，中国发展取得了历史性进步，中国经济总量已居世界第二，但不可否认的是，巨大成就的背后，也积累了很多失衡的问题。最突出的表现是经济失衡，经济失衡带来了社会失衡，其根本原因是生态失衡。

经济层面，由于产业结构的不合理，“投资、消费、出口”三驾马车已是“车困马乏”，导致工业产能严重过剩，而服务业尚未做好准备，产业低下、产能不足。社会层面，由于过分看重GDP（国内生产总值）的增长，看病难、入学难、住房难、食品药品安全等民生问题始终困扰着大众。生态层面，由于让道经济，加之保护、监管不力，资源约束趋紧、环境污染严重、生态系统退化的形势严峻。此外，由于区位条件、政策环境和人才资源等因素，区域间的发展也是失衡的。目前，西部地区正承接中东部地区的产业转移，但大多是劳动密集型、环境污染型企业，发展模式不可持续。

新常态是新挑战，更是新机遇。最重要的机遇就是大数据时代的到来。大数据是新的技术革命与新的产业革命交叉融合的引爆器，大数据让发达地区和欠发达地区站在了同一条起跑线上。与此同时，大数据还将促使整个中国发生颠覆性和跨界、跨代式的变革，造就绿色化的生产方式和低碳健康的生活方式，形成重视生态文明的全新价值取向，让中国走上绿色化、可持续、更合理的发展道路，最终实现中国再平衡。

实现中国再平衡，就是要实现经济与生态的再平衡。当前，生态文明和创新驱动已经成为两大国家战略。特别是2015年中央几乎同时发布《关于深化体制机制改革加快实施创新驱动发展战略的若干意见》和《关于加快推进生态文明建设的意见》后，其战略意图不言而喻。

实现经济与生态再平衡，根本动力在于创新。创新驱动的核心是重构价值理念，摒弃原来那种高能耗、高污染的粗放型发展模式，坚持“绿水青山”就是“金山银山”的全新发展思维和价值导向。创新驱动的关键是驱动产业升级，改变原有高投入、低产出和高消耗、低效益的产业结构，大力发展绿色产业、高端产业、新兴产业，推动产业结构迈向中高端。创新驱动的重点是推动技术创新，着力改变自主创新能力弱、核心技术“受制于人”、缺乏世界知名品牌的尴尬局面，真正将“Made in China”（中国制造）打造成“Created in China”（中国创造）。创新驱动的本质是倒逼政府改革，就是要彻底打破“全能型政府”这一角色定位，让政府“站对位、站准位”，既要营造一个有制度保障的创新创业环境，又要把“权力”交给市场，按经济规律“办事”。创新驱动的关键是协同创新，这种协同创新不是简单的承接或转移，而是区域间“人才、技术、信息、资源”的深度合作，旨在推动东部和西部协作，沿海和内地融合，当然也要在全球范围内统筹利用国际国内“两个市场、两种资源”，实际上就是发达地区与欠发达地区的再平衡。

当创新成为新常态，成为驱动中国再平衡的核心动力，贵阳的双赢战略就有了非同寻常的模式与路径意义。贵州发展大数据，是倒逼政府改革，推进产业转型的有益探索；是坚守发展和生态两条底线，发挥后发优势，既实现后发赶超又实现绿色崛起的创新战略；也是新常态下东部与西部、沿海与内地、发达地区与欠发达地区经济的再平衡。这种再平衡将引发中国经济结构的深度调整，重塑中国经济版图。

第一篇　坚守两条底线：在升级中全面转型

第一章　生态文明引领新常态

从党的十八大率先提出“五位一体”的总体布局和“大力推进生态文明建设，努力建设美丽中国”的战略部署，到一系列“习式生态热词”的频频出现并引起广泛的社会关注，再到《关于加快推进生态文明建设的意见》的颁布，生态文明已经成为新常态下的一种发展共识。新常态的本质就是要实现持续发展，就是要处理好生态与发展的关系，坚守住生态保护与持续发展两条底线，实现发展的再平衡。

作为西部欠发达地区的贵阳，立足自身特色，坚持生态发展理念，把握新常态、抢抓新机遇，以坚守两条底线为原则，围绕“六大工程”打造贵阳升级版，探索出一条西部后发地区经济发展与生态保护的双赢之路，成为我国城市发展的“样板间”。

总书记关注什么

每一个时代都会涌现出带有时代印迹的热词，映照出这个时代的光荣与梦想。党的十八大以来，以习近平同志为总书记的党中央高度重视生态文明建设。截至目前，习近平总书记在各类场合有关生态文明的讲话、论述、批示已经超过60多次，“绿水青山就是金山银山”、“APEC蓝”、“乡愁”等“习式生态热词”广为流传，彰显了我国在生态文明建设方面的新思想、新观点、新论断、新潮流，凝聚了我国生态文明建设的全民共识。这将推动我国发展理念和发展方式的深刻变革，也将推动我国执政理念和执政方式的深刻变革，为建设美丽中国提供根本遵循原则，也为在全球生态危机的背景下人类寻求可持续发展提供了一种新的理念和路径。正如联合国副秘书长阿奇姆·施泰纳所说，“中国在生态文明这个领域中，不仅是给自己，而且也给世界一个机会，让我们更好地了解如何朝着绿色经济转型”。①

表1–1　习式生态热词

生态热词	出　处
生态兴则文明兴 生态衰则文明衰	2003年，时任浙江省委书记的习近平在《求是》杂志上发表的署名文章《生态兴则文明兴——推进生态建设打造“绿色浙江”》
美丽中国	2012年11月8日，习近平在党的十八大提出，把生态文明建设放在突出地位，融入经济建设、政治建设、文化建设、社会建设各方面和全过程，努力建设美丽中国，实现中华民族永续发展

① 为了中华民族永续发展——习近平总书记关心生态文明建设纪实[OL].新华网，2015年3月9日.

（续表）

生态热词	出　处
底线思维	习近平在2013年年初的一次重要会议上强调，要善于运用底线思维的方法，凡事从坏处准备，努力争取最好的结果，做到有备无患、遇事不慌，牢牢把握主动权
最公平的公共产品	2013年4月8日至10日，习近平在海南考察时指出，良好的生态环境是最公平的公共产品，是最普惠的民生福祉
绿水青山就是金山银山	2013年9月7日，习近平在哈萨克斯坦纳扎尔巴耶夫大学回答学生问题时指出，建设生态文明是关系人民福祉、关系民族未来的大计，我们既要绿水青山，也要金山银山；宁要绿水青山，不要金山银山；而且“绿水青山就是金山银山”
去掉GDP紧箍咒	2013年9月23日至25日，习近平在河北省常委班子专题民主生活会上指出，要给你们去掉紧箍咒，生产总值即便滑到第七、第八位了，但在绿色发展方面搞上去了，那就可以挂红花、当英雄
生命共同体	2013年11月15日，习近平在对《中共中央关于全面深化改革若干重大问题的决定》做说明时指出，山水林田湖是一个生命共同体，人的命脉在田，田的命脉在水，水的命脉在山，山的命脉在土，土的命脉在树
乡愁	2013年12月12日至13日，习近平在中央城镇化工作会议上指出，要让城市融入大自然，让居民望得见山、看得见水、记得住乡愁
空气罐头	2014年3月7日，习近平在参加贵州团审议时强调，现在一些城市空气质量不好，我们要下决心解决这个问题，让人民群众呼吸新鲜空气，将来可以制作贵州的“空气罐头”
“APEC蓝”	2014年11月，习近平在出席APEC领导人非正式会议时指出，有人说，现在北京的蓝天是“APEC蓝”，美好而短暂，过了这一阵就没了。我希望并相信，经过不懈努力，“APEC蓝”能保持下去

绿色化的新生态价值观

2015年，国务院发布《关于加快推进生态文明建设的意见》，提出要“积极培育生态文化、生态道德，使生态文明成为社会主流价值观，成为社会主义核心价值观的重要内容”，还提出要“弘扬生态文明主流价值观，把生态文明纳入社会主义核心价值体系，形成人人、事事、时时崇尚生态文明的社会新风尚，为生态文明建设奠定坚实的社会、群众基础”。[①]社会主义核心价值体系是我国文化建设的灵魂与核心，是我国的主流价值观。将生态文明纳入社会主义核心价值体系、弘扬生态文明主流价值观，是全面推进生态文明建设，逐步把生态文明建设蓝图变为现实的重要保障。

生态观，古今中外，早已有之。纵观人类文明发展的历史，人与自然的关系大致经历了从“以自然为中心”到“以人类为中心”两个阶段，现在正向“人与自然和谐共处”的第三阶段迈进。我国传统的生态观强调“天人合一”、“道法自然”，强调人类与自然万物共同构成自然系统的整体，主张把道德关怀的对象扩展到自然界，承认自然万物既具有工具价值也具有内在价值，提倡要妥善处理好利用自然和保护自然的关系，人类只有与资源和环境相协调，和睦相处，才能生存和发展，做到“天地与我并生，而万物与我为一”。

“良好的生态环境是最公平的公共产品，是最普惠的民生福祉。”生态文明的主流价值观，强调和谐共生、公正平等、包容开放。社会主义核心价值观与生态文明建设紧密相关，建设生态文明的现代化中

① 《中共中央　国务院关于加快推进生态文明建设的意见》. 人民网，2015 年 4 月 25 日.

国，走向社会主义生态文明新时代，要将生态文明纳入核心价值体系，形成生态文明新时代的核心价值观。要大力倡导生态富强、生态民主、生态文明、生态和谐等国家价值观，建设生态型国家。要大力倡导生态自由、生态平等、生态公平、生态法治等社会价值观，建立生态型社会。大力倡导生态爱国、生态敬业、生态诚信、生态友善等个人价值观，培养生态型公民。生态文明核心价值观回答了我们应该建设一个什么样的国家、发展什么样的社会、培养什么样的公民等问题，将为我国建设生态文明、实现美丽中国梦、走向生态文明新时代提供思想基础和精神动力。

“生态兴则文明兴，生态衰则文明衰”的新战略观

价值观决定战略观，战略观决定战略格局。生态文明的战略观决定了生态文明发展战略的部署与实施。自然生态的变迁决定着人类文明的兴衰。“生态兴则文明兴，生态衰则文明衰”，是从人类文明发展的高度对生态文明的战略意义进行的重新解读，必将影响我国乃至全球人类发展的战略和格局。

一部人类文明的发展史，就是一部人与自然的关系史。遥望过去，在人类文明的历史发展长河中，古中国、古巴比伦、古埃及、古印度等文明古国无一不发源于水源丰沛、森林茂密、生态良好的地区。四大古文明都曾经是世界文明的象征，其繁荣昌盛曾一度令它们站在世界文明之巅，为世人所景仰。然而，随着人类不断通过汲取自

然资源来求得发展，四大文明古国的辉煌与灿烂开始化为漫天黄沙，淹没在洪流中。工业文明虽然为人类创造了巨大的物质财富，但也把人类置于资源枯竭、环境污染和生态恶化的困境中。[①]

建设生态文明，关系人民福祉，关乎民族未来。党的十八大提出了建设美丽中国的战略构想，“走向生态文明新时代，建设美丽中国，是实现中华民族伟大复兴的中国梦的重要内容”。[②]美丽中国是绿色经济、和谐社会、幸福生活、健康生态的总称，是全球可持续发展、绿色发展和低碳发展的中国实践，是对保护地球生态和建设美丽地球的重要探索。

美丽中国是一种探索接力，美丽中国也是一次梦想飞跃。从党的十六大之前的经济建设、政治建设和文化建设“三位一体”到十七大提出的经济建设、政治建设、文化建设和社会建设“四位一体”，再到十八大提出的经济建设、政治建设、文化建设、社会建设和生态文明建设“五位一体”的总体格局，是对我国社会主义发展理论的重要创新，更是对我国发展战略格局的深化和创新。加强生态文明建设，是建设美丽中国的美好蓝图，也是实现永续发展的根本要求。“五位一体”战略格局的形成，标志着生态文明构成了定位中国发展的重要维度之一。

“生态兴则文明兴，生态衰则文明衰。”党的十八大报告提出，“把

① 杨朝霞.践行“生态兴则文明兴”的铁律[OL].中国网，2015年1月23日.

② 习近平向生态文明贵阳国际论坛2013年年会致贺信.2013年7月20日.

生态文明建设放在突出地位”。习近平总书记从人类共同利益出发，讨论生态文明问题，倡导“人类命运共同体意识”。这种站在人类共同利益的视角思考生态自然、经济和人类关系的观点，涵盖了中国古代“天人合一”的方法论思想和马克思唯物辩证法的思想，对人类文明发展和全球可持续发展具有重要的意义。生态环境保护是功在当代、利在千秋的事业。面对环境严重污染、生态系统遭到破坏的严峻形势，必须要有尊重自然、顺应自然的生态文明理念，将生态文明建设融入政治、经济、文化与社会建设中，实现中华民族的可持续发展。生态文明实现了从现代化建设的一个领域到现代化建设发展方向，再到形成人与自然和谐发展的现代化新格局的转变。

“绿水青山就是金山银山”的新资源环境观

资源环境观是人类对其赖以生存的地球资源环境以及人与资源环境相互关系的基本认识，决定了人类对资源环境的态度，并制约着人类在生产和生活中的行为。矿产资源、土地、水、森林、海洋、草地、野生动植物、空气、环境等都属于资源环境的范畴。

人类历史上曾先后出现过天命论的自然观和地理决定论、征服自然的自然观和协调论的自然观。人类的环境观从“天定胜人”逐步发展为“人定胜天”，最后发展为顺应自然、“人天共存”和协调发展。但无论是哪种观点，都是将资源环境作为人类生产生活之外的一个客观存在要素，强调资源环境要通过人类的行动加以改造才能被人类所利用，将其视为人类生存和发展的索取对象。

习近平总书记形象地将资源环境比作“绿水青山”，将经济发展比作“金山银山”，并通过论述二者的关系，提出了“生态环境优势就是发展优势，保护生态环境就是发展生产力”、“绿水青山就是金山银山”的新资源环境观，创新性地构建了客观资源环境与主观人类行为有机统一的关系。习近平总书记指出，我们的发展经历了三个阶段，“第一个阶段是用绿水青山去换金山银山，不考虑或者很少考虑环境的承载能力，一味索取资源。第二个阶段是既要金山银山，但是也要保住绿水青山，这时候经济发展和资源匮乏、环境恶化之间的矛盾开始凸显出来，人们意识到环境是我们生存发展的根本，要留得青山在，才能有柴烧。第三个阶段是认识到绿水青山可以源源不断地带来金山银山，绿水青山本身就是金山银山，我们种的常青树就是摇钱树，生态优势变成经济优势，形成了浑然一体、和谐统一的关系”。①

“绿水青山就是金山银山”的新资源环境观，更加看重绿水青山，跳出把保护生态与发展经济简单对立起来的传统思维，尊重自然生态发展规律，将保护、修复绿水青山当作重要使命，切实保护好“绿水青山”，以良好的生态环境吸引人气、聚集财气，让“绿水青山”引来“金山银山”。这一新资源环境观更加重视生态环境这一生产力要素，把“绿水青山”作为增强核心竞争力、实现可持续发展的最大优

① 为了中华民族永续发展——习近平总书记关心生态文明建设纪实[N]. 人民日报，2015年3月10日.

势，依托不断扩大的绿色生态空间，推动大众创业、万众创新，用政府权力的“减法”，换取市场活力的“乘法”，形成绿色低碳循环发展的新方式，创造出更多新的经济增长点。

“把生态环境优势转化为生态农业、生态工业、生态旅游等生态经济的优势，那么绿水青山也就变成了金山银山。”① 习近平总书记在各种会议及其他场合多次强调“绿水青山就是金山银山”，深刻揭示了绿水青山既是自然财富，又是社会财富、经济财富，保护生态环境就是保护生产力，改善生态环境就是发展生产力的理念。《关于加快推进生态文明建设的意见》中也正式把“坚持绿水青山就是金山银山”的理念写进中央文件，成为指导中国加快推进生态文明建设的重要指导思想。

从“增长即发展”到“经济与生态双赢”的新发展观

“增长”就是“发展”，这是长期以来人类社会奉行的发展观。人类社会要生存和延续，就离不开物质生产，不断增加物质生产也看似无可厚非。但如果将经济增长作为人类社会的唯一追求，奉行唯增长论，在人类物质文明极大飞跃的同时也会引发严重的生态危机和灾难。特别是科学技术的进步，极大地提升了人类改造自然、掠夺自然的能力，使人类能够征服的自然空间更广，世界上没有被人类开采的区域已经所剩无几；人类征服自然的速度之快，已经远远超出了自然

① 习近平. 绿水青山也是金山银山 [N]. 浙江日报，2005 年 9 月 16 日.

生态系统自行修复的周期；人类征服自然的强度之大，已经到了无视地球生命力的有限性的程度。这一切的后果是引发了森林大面积消失、土地沙漠化扩展、湿地不断退化、物种加速灭绝、水土严重流失等全球性的生态危机。如果不加控制地发展下去，终有一天，我们将不得不承受大自然报复的恶果。

习近平同志指出，要正确处理好经济发展与生态环境保护的关系，牢固树立保护生态环境就是保护生产力、改善生态环境就是发展生产力的理念。“要更加自觉地推动绿色发展、循环发展、低碳发展，决不以牺牲环境为代价去换取一时的经济增长”，“牢固树立生态红线的观念。在生态环境保护问题上，就是要不能越雷池一步，否则就应该受到惩罚”。实践证明，离开经济发展谈环境保护是缘木求鱼，脱离环境保护搞经济发展是竭泽而渔。要在科学保护的前提下，在环境承载力的范围内，努力促进经济生态化、生态经济化，实现经济发展和环境保护双赢。通过环境保护来保证发展的可持续性，通过经济社会的可持续发展来创造更加优良的生态环境，实现环境保护与经济发展的协调、融合与统一，探索一条经济发展与生态保护双赢的发展道路。

经济发展与生态保护双赢的发展观，就是要摒弃传统的唯经济增长的观念。“小康全面不全面，生态环境质量是关键。”发展不能光追求经济增长的速度，而应该追求发展质量和效益，既要GDP，更要绿色GDP。走出“增长即发展”的误区，不盲目发展，不污染环境，不给后人留下沉重负担。要让绿水青山充分发挥经济社会效益，切实做到经济效益、社会效益、生态效益同步提升。只有树立经济发展与生态保护双赢的新发展观，才能实现百姓富、生态美的有机统一。

从经济发展优先到生态价值优先的新政绩观

所谓政绩，即从政之绩，施政之绩，是指领导干部在任期内履行相关职责取得的工作成绩和贡献。政绩观直接反映领导干部施政的指导思想和价值取向，不仅影响领导干部的健康成长，更关系到党和国家事业的兴亡，关系到执政党在人民群众中的地位和形象。一个政府的政绩观是由国家或者地方的发展观所决定的，并且能够反作用于发展观，放大发展观的影响。

GDP是衡量国家综合国力的重要指标，很长一段时间内，成为我们考评一个领导干部业绩的关键标准。这也导致有些领导干部只重经济增长、只抓招商引资，而对民生改善、社会进步、生态效益等视而不见，虽然GDP实现了快速增长，但不注重项目的质量，急功近利，让一些工程项目破坏了当地环境的生态平衡，造成“一代人的政绩，几代人的包袱”。简单以GDP增长来论英雄，不仅资源承受不了，环境容纳不了，社会也接受不了，扭转这种状况，迫在眉睫。

“要坚持全面、历史、辩证地看干部，注重一贯表现和全部工作。要改进考核方法手段，既看发展又看基础，既看显绩又看潜绩，把民生改善、社会进步、生态效益等指标和实绩作为重要考核内容，再也不能简单以GDP增长率来论英雄了。”[①]自党的十八大将生态文明建设纳入“五位一体”的总体布局以来，习近平总书记多次提出“不再以GDP论英雄”，给干部评价制定了科学、全面、客观、公正的标准，是对过去“唯GDP论”的批判和扭转，为干部选拔任用工作指明了方向、提供了遵循原则。《关于加快推进生态文明建设的意见》也首次将“绿色化”与“新四化”并举，提出要“健全政绩考核制度”和“完善责任追究制度”，“要把资源消耗、环境损害、生态效益等指标纳入经济社会发展综合评价体系，大幅增加考核权重”。同时，建立领导干部任期生态文明建设责任制，完善节能减排目标责任考核及问责制度。对于造成生态环境严重破坏的，要记录在案，“实行终身追责”。这一规定成为生态治理的重要抓手，有助于带动整个生态文明制度体系的成型。

发展是硬道理，但是不坚持科学发展，就是没道理。新的政绩观方向明、风气正，把资源消耗、环境损失、生态效益等指标纳入经济评价体系，以更加实在、更负责任、更有诚意的精神，对人民群众、子孙后代福祉负责，它将建设起一支宏大、高素质的干部队伍，以经得起群众检验的政绩来确保党在发展中国特色社会主义历史进程中稳步前进，并带领人民实现“中国梦”的美好愿景。

---

① 倪洋军. 习近平“不以GDP论英雄”说给谁听[OL]. 中国共产党新闻网，2013年7月1日.

“爽爽的贵阳”十个一

“爽爽的贵阳”，是贵阳的城市品牌，也是贵阳生态文明发展成果的集中体现。拥有良好生态优势的贵阳，早在20世纪90年代就提出了“环境立市”的发展理念，经过十几年的发展，贵阳的生态文明建设已经走在了全国的前列。作为我国首个生态文明建设示范城市的贵阳，其生态文明建设的实践可以归纳为“十个一”，即：一个理念、一套理论、一个载体、一项工程、一套制度、一个品牌、一种精神、一个基地、一个规划和一个形象。

一个理念：以生态文明引领城市可持续发展

从农业文明到工业文明是人类社会的巨大进步。工业文明在给人类社会带来极大财富的同时，也引发了能源危机、环境污染等一系列问题，并威胁人类的生存。破解这些问题，需要确立新的生态文明观。

2001年贵阳提出了“环境立市”的战略，2003年被国家环保总局确认为全国建设循环经济生态示范城市首个试点城市，2005年提出了生态经济市的定位，十多年的实践和探索为贵阳生态文明建设积累了经验，提供了条件。2007年，在党的十七大提出“建设生态文明”的新要求和贵州省第十次党代会确定实施“环境立省”战略的重大部署下，贵阳市第八届委员会第四次全体会议通过了《关于建设生态文明城市的决定》，明确了以生态文明理念引领经济社会发展的战略方向。生态文明理念成了统领全市经济社会发展的纲领，生态文明建设成为全市的共识。2012 年 12 月，国家发改委正式批复《贵阳建设全国生态文明示范城市规划（2012—2020 年）》，这标志着贵阳正式开始了生态文明示范城市建设的新征程。

贵阳生态文明建设的发展理念不同于污染控制和生态修复，而是尽可能克服工业文明弊端，探索一种经济发展与生态改善双赢的可持续发展模式。贵阳以生态文明引领，通过发展绿色产业做加法、淘汰落后产业做减法、科技创新引领做乘法、严把项目引进关做除法的发展思路，不断构建起绿色经济生态体系、宜居城镇生态体系、自强文化生态体系、友好自然生态体系、和谐社会生态体系、清明政治生态体系，实施“蓝天保护”、“碧水保护”、“绿地保护”计划，构建“五位一体”的城乡公园体系，牢牢守住生态和发展两条底线，促进贵阳经济社会的绿色发展、绿色崛起，实现了跨越式的可持续发展。

贵阳以生态文明引领城市可持续发展的理念，顺应我国乃至全球城市发展趋势，是在新常态下推动城市可持续发展，让后发地区实现跨越式发展的有益探索。在绿色崛起中赶超发展的贵阳，已经成为引领我国生态文明发展的一面旗帜。

一套理论：生态文明建设理论体系

生态文明建设是关乎百姓福祉，关乎民族未来的重要课题。以党的十八大为标志，我国开启了生态文明建设的新纪元。作为一种全新的发展模式，生态文明建设需要构建一套具有实践意义的理论体系。在生态文明建设过程中，贵阳市形成了一套以生态经济、生态城镇、生态社会、生态文化、生态自然、生态政治为主要内容的有贵阳特色的生态文明建设理论体系，对贵州省乃至全国的生态文明建设都具有参考价值。

生态经济理论体系。坚持生态产业化、产业生态化的理念，以绿色循环经济为核心，以“生态价值、经济价值、社会价值”结合为目标，以绿色农业为基础、绿色工业为支撑、绿色服务业为主导，实现生态从严保护、资源深度开发、生产清洁低碳、产业升级高效的生态经济发展思路。

生态城镇理论体系。以“融入国际化、实现现代化、体现人文化、突出生态化”为目标，以“疏老城，建新城”为重点，构建空间优化、要素聚集、产业发展、环境优美、人文和谐的城镇生态体系，从而增强城市产业发展、公共服务、吸纳就业、人口聚集的功能。

生态社会理论体系。统筹处理好做大“蛋糕”与分好“蛋糕”、党政指挥和社会合唱、深化改革和法治保障三者关系，健全民生保障、基层治理、社会协同、公众参与和制度规范五大体系，提升生态文明治理体系和治理能力的现代化水平。

生态文化理论体系。以“知行合一、协力争先”为核心，以多样性文化和谐共生、原生态民族文化繁荣发展为特色，培养文化自觉、文化自信、文化自强，为生态文明建设提供思想基础和保障。

生态自然理论体系。以水生态、林业生态、气候生态、土壤生态和生物多样性系统为支撑，以空气清新、环境优美、人与自然和谐相处为目标，打造天蓝、地绿、水清的宜居新家园。

生态政治理论体系。以干部清正、政府清廉、政治清明为目标，着力构建团结协作、务实高效、公正透明、诚实守信、勤政廉洁的政治生态体系，为建成全国生态文明示范城市提供有力保障。

一个载体：城市“三创”

为推进贵阳的生态文明建设，2009年12月29日，中共贵阳市委八届八次全会提出，以创建全国文明城市、创建国家卫生城市、创建国家环境保护模范城市（简称“三创”）为载体来进一步提升市民素质，改善城市建设和涵养生态环境。作为生态文明建设的三个支点，随着“三创”的逐步推进实施，贵阳的生态质量和城市形象得到显著改善和提升，为贵阳建设全国生态文明示范城市奠定了坚实的基础。

创建全国文明城市。贵阳从1999年便着手开展各种文明提升活动，于2002年、2005年、2008年三次荣获“全国创建文明城市工作先进城市”称号，2009年“三创”行动开始后，贵阳以基础设施建设为核心，全面提升城市综合承载力；以城市服务管理为核心，大力提升整体文明程度；以改善民生为核心，确保市民享受创建成果；以各方参与为核心，形成全民动员的模式。经过两年多的积极创建，贵阳市的文明软实力进一步提升，并于2011年12月被中央文明委授予“全国文明城市”荣誉称号。

创建国家卫生城市。贵阳早在1990年便开始进行系列“整脏治乱”行动，并于1994年获得全国卫生城市进步奖，1999年获得“全国卫生先进城市”称号。2009年以后，贵阳以统筹联动的政府力推模式，协同共创的全民参与模式，重点突破的城市建设模式，制度创新的依法创建模式开展创卫工作，经过两年的奋战，贵阳城市形象进一步提升。2011年12月，贵阳成功获得全国爱卫会颁发的“国家卫生城市”奖牌。

创建国家环境保护模范城市。2007年，贵阳获批同意开展创建国家环境保护模范城市工作，以“创模”作为生态环境保护工作和建设生态文明城市的重要抓手开展建设工作。2009年以来，贵阳以环境治理为重点，通过“护水”、“净气”、“降噪”、“处废”、“增绿”，并深入实施“蓝天”、“碧水”、“绿地”三大保护计划，进一步改善城市自然环境；以调整产业结构为核心，严格把控企业生产方式，加快循环经济步伐；以环保监督为保障，采取督查问责制，确保整改工作落到实处；坚持“知行合一、协力争先”的精神，采取“社会参与、多方共治”的模式，提升“创模”氛围。多年苦心终不负，2015年1月下旬，国家考核验收组通过了贵阳创建国家环境保护模范城市考核验收，使贵阳生态文明建设向前迈进了一大步。

一项工程：治理“两湖一库”

水污染是一个全球性问题。水安全直接影响城市生态、市民生活和城市安全。2008年，贵阳市成立“两湖一库”管理局，启动对素有贵阳“三口水缸”之称的红枫湖、百花湖、阿哈水库的治理工程，确保人民群众饮用水安全。贵阳治理“两湖一库”是有重点、分阶段进行的，有重点主要是指实施五大工程，分阶段主要是指分两期实施。

实施五大工程包括工业污染治理工程、生活污染治理工程、农业面源污染治理工程、生物净化工程和生态修复工程。在工业污染治理方面，以严格执行环境准入制度为准则，以严守项目审批源头为目的，实施环评制度考核，严格环境执法，治理工业污染。在生活污染治理方面，以污水收集系统和污水处理系统为主体，依托各类工程项目，加大对生活污染基础设施建设的力度，治理生活污染。在农业面源污染治理方面，以推广无害化生产和无害化防治技术为核心，以使用清洁能源为动力，加大对绿色蔬菜基地的资金投入力度，治理农业面源污染。在生物净化方面，以水体自净为核心，向“两湖一库”投放鲢鳙鱼育苗，以退耕还林为补充，增强湿地建设和保护，开展生物净化。在生态修复方面，以各类项目治理修复工程为依托，创新建设模式，提高城市森林覆盖率，建设城市绿色生态走廊，提升城市景观品位，修复生态。

“两湖一库”治理工程分两个阶段推进，2008~2013 年为第一期工程，通过五大治理工程的稳步实施，“两湖一库”水质稳定达到地表水Ⅲ类标准，红枫湖部分区域可达地表水Ⅱ类标准。第二期于 2015 年启动，按照《两湖一库流域污染防治及水环境综合治理规划（2013—2017）》、《贵阳市碧水保护计划（2014—2017 年）》和国务院下发的《水污染防治行动计划》的要求，对饮用水源的保护、水环境的综合整治、水环境基础设施的提升、水环境的监管等要求逐一落实，改善水环境质量。

一套制度：创新政策、改革体制、完善法规与确立标准

无规矩不成方圆，在生态文明城市建设过程中，贵阳不断推进生态文明体制机制创新的实践，从政策、体制、法规、导向上进行创新，为生态文明建设指明了制度导向，形成了制度合力。

创新政策。政策是推进生态文明建设的重要保障。自 2007 年开始，贵阳市陆续出台一系列政策，推动生态文明建设，例如《贵阳市生态公益林补偿办法》。在考核办法方面，先后制定出台了《贵阳市建设生态文明城市目标绩效考核办法（试行）》、《贵阳市县级党政班子和领导干部落实科学发展观、建设生态文明城市绩效考核办法（试行）》，对建设成果进行考核、测评和评价。

改革体制。2007 年，贵阳市委、市政府陆续组建贵阳市“两湖一库”管理局专门从事“两湖一库”管理工作，改变了“多龙治水”

的格局。设立环保基金会（2013 年 3 月更名为“贵阳市生态文明基金会”），汇聚多方社会力量共同开展治理工作。成立“两庭三局”，形成较为完备的生态文明行政体制、司法体制，使贵阳的生态文明制度建设走在全国前列。

完善法规。为保障生态文明建设顺利开展，贵阳不断完善法规条例，2010 年 3 月，出台了全国第一部生态文明建设的地方性法规《贵阳市促进生态文明建设条例》；2013 年 5 月，《贵阳市建设生态文明城市条例》正式实施，两部政策法规成为指导贵阳市生态文明建设的重要指南。此外，贵阳还深入开展“六个一律”环保“利剑行动”、森林保护“六个严禁”专项执法行动，并制定城市环境总体规划，明确贵阳环境承载上线、生态保护红线、环境风险底线，推进生态环境保护制度化、长效化、常态化。

确立标准。生态文明建设合不合格，指标说了算。2008 年贵阳市发布《贵阳市建设生态文明城市指标体系及检测方法》，成为国内首部最完整、最可操作的生态文明城市指标体系。2014 年 7 月，在生态文明贵阳国际论坛举办前夕，贵州大学贵阳创新驱动发展战略研究院发布“贵阳指数”，亦称“中国生态文明发展指数”，它是我国第一个以地方命名的生态文明评价指数。“贵阳指数”通过一套相对全面的指标体系，客观地反映各地区和城市生态文明建设的发展现状、特点、趋势，为社会全面、系统、深入了解生态文明提供了一个窗口，成为中国生态文明建设的“风向标”。

一个品牌：爽爽的贵阳

城市品牌就是一个城市在推广自身形象的过程中传递给社会大众的核心概念。城市品牌具有强大的经济价值、光环效用和激励作用，对一个城市的发展至关重要。[①]随着贵阳生态文明建设的逐步推进，“爽爽的贵阳”已经成为贵阳的名片，贵阳这座山环水绕、城林相依，风光旖旎、气候宜人的魅力之城已家喻户晓，成为一个宜居、宜学、宜业、宜商、宜游的城市。

助推洼地崛起。鉴于无可比拟的生态优势，贵阳以“爽爽的贵阳”作为城市品牌，开展城市品牌建设。目前，“爽爽的贵阳”已经引起了全球的关注，提高了城市形象，带动了贵阳旅游业的发展，成为贵阳实现洼地崛起的有力支撑。

开启贵漂时代。栽得梧桐树，引来金凤凰。“爽爽的贵阳”以其良好的宜居、宜学、宜业、宜商、宜游环境，吸引了众多人才、企业的到来，成为企业家关注的热土。特别是当前，贵阳紧抓大数据时代发展机遇，着力打造大众创业、万众创新、人人创客的发展环境，开启了“创客贵阳”的新时代，这必将让贵阳再一次走在全国前列，成为世界关注的焦点。

---

① 徐俊昌.提升城市品牌效应.吉林日报，2012年9月11日.

一种精神：知行合一、协力争先

城市精神是一座城市的灵魂，是一种文明素养和道德理想的综合反映，是一种意志品格与文化特色的精确提炼，是一种生活信念与人生境界的高度升华，是城市市民认同的精神价值与共同追求。"知行合一，协力争先"是贵阳的城市精神，为提升市民素质、凝聚人心、引导风气发挥了重要作用。

"知行合一"是传统的延续。"知行合一"是阳明文化的精髓，它强调的是理论与实际相结合，是表里如一、言行一致的态度。阳明文化是贵州省传统文化的瑰宝，贵阳对其文化内涵进行了充分挖掘和传承，先后成立了王阳明研究会、王阳明研究所，编印王阳明文化书籍，举办"国际阳明文化节"，建设中国阳明文化产业园等。2015年，贵阳以传统文化为核心，以孔学堂、阳明洞、阳明祠三足鼎"筑"为抓手，将传统文化与社会主义核心价值观结合，丰富了贵阳城市精神的内涵，提升了城市文化形象和自信。

"协力争先"是时代的缩影。"协力争先"中"协力"二字的渊源来自20世纪60年代周恩来总理到贵阳花溪的寄语，希望贵州"加强团结"才会"后来居上"。1998年胡锦涛总书记要求贵阳在全省"做表率、走前列"，充分发挥"火车头"、"发动机"的作用。这种时代的要求，内化于贵阳人的精神。2015年，李克强总理考察北京·贵阳大数据应用展示中心时说，要把执法权力关进"数据铁笼"，让失信市场行为无处遁形，实现“人在干、云在算”，这不仅强调了一种表里如一、言行一致、“知行合一”的态度，更要求我们在大数据时代，要顺应时代的要求，创新、争先，推动贵阳转型升级，实现贵州后发赶超。

一个基地：贵阳孔学堂

以孔子为代表的儒学文化是我国优秀传统文化的瑰宝，是中华民族文化的精华。孔学堂是贵州的传统文化基地，在 2012 年 9 月 28 日孔子诞辰 2 563 周年之际，正式落户贵阳市花溪河畔。孔学堂不仅是一座仿古建筑，更是贵阳市的文化地标、文化符号，是贵阳文化建设的缩影。

传承传统文化，提升文化自觉。孔学堂开展了国学讲座、培养中小学生“六艺”技能、倡导传统礼仪、弘扬中华节日、开展道德教育等活动，通过开展传统文化教育，让市民接受传统文化的洗礼和熏陶，培养了市民的文化自信和文化自觉。

发展公共文化，满足市民需求。孔学堂以满足市民文化需求为目的，不断完善公共文化服务功能。通过举办孔学文化百场讲座，开展孔学文化“五进”（进机关、进高校、进社区、进农村、进企业）系列活动，组建孔学堂电子图书馆，进一步完善了贵阳公共文化设施体系，提升了贵阳公共文化的服务水平。

发展创意产业，提升文化软实力。在发展孔学文化产业方面，孔学堂引进、传播、创作优秀传统文化影视作品，开发弘扬中华优秀传统文化的文艺节目，组织弘扬优秀传统文化的展览，打造孔学堂文化品牌，申报重大文化产业项目，并把孔学堂作为重点文化旅游景点进行打造和培育，不断提升孔学堂在促进贵阳文化产业发展中的作用。

一个规划：首个全国生态文明示范城市建设规划

2012年12月，国家发改委正式批复《贵阳建设全国生态文明示范城市规划》，成为全国首个生态文明示范城市建设规划。规划确定了要实施城市生态文明战略，促使经济、社会和自然协调发展，并最终实现人与自然和谐发展的根本目标，这既是顺应城市演变规律的必然要求，也是贵阳建设全国生态文明示范城市的行动指南。

《贵阳建设全国生态文明示范城市规划》明确了贵阳建设全国生态文明示范城市、创新城市发展试验区、城乡协调发展先行区、国际生态文明交流合作平台的战略定位，明确了高效集约发展区、生态农业发展区、生态修复和环境治理区、优良生态系统保护区的空间发展四大功能分区。同时提出要“依托生态工业、信息技术产业、生态旅游业、现代服务业、生态农业、节能环保产业六大产业的体系发展循环低碳经济，到2015年，全面建成小康社会，全国生态文明示范城市建设取得显著成效，到2020年，建成全国生态文明示范城市”。

2015 年是“十二五”规划和《贵阳建设全国生态文明示范城市规划》第一阶段的收官之年，贵阳坚持规划引领，生态文明建设稳步推进，合理的空间开发格局基本形成，城市人居环境明显改善，森林覆盖率和建成区绿化覆盖率均达到 45%，经济、政治、文化、社会、生态各方面成绩显著。站在新起点上，贵阳将按照《贵州省生态文明先行示范区建设实施方案》的相关要求，坚守发展和生态两条底线，积极探索可持续发展的双赢之路，在建设全国生态文明示范城市方面积累经验，探索模式。

一个形象：生态文明贵阳国际论坛

随着 2008 年全球金融危机的大爆发，绿色经济生态文明已成为时代发展的主题。为普及生态文明理念，探索生态文明建设规律，生态文明贵阳国际论坛是中国政府支持、国内唯一一个以生态文明为主题的国家级国际性论坛，作为一个全球性的生态文明建设开放性交流平台，在共建共享生态文明建设理论探索和实践经验，推动全球生态文明行动方面具有重要的作用。

2009~2014 年，贵阳已连续承办了六届生态文明国际论坛。生态文明贵阳国际论坛最早的名称为“生态文明贵阳会议”。随着其影响力的逐步提高，2013 年，生态文明贵阳会议正式升格为生态文明贵阳国际论坛，贵阳以一个全新的、更高端的生态文明形象面向中国，走向世界。

生态文明贵阳国际论坛是展示生态文明建设成就的重要窗口。它在各方共同努力下，成为跨领域、跨行业、跨部门、跨国界合作的重要桥梁，成为交流各方经验和信息、总结各类实践和典型案例、展示生态文明建设成果的重要窗口。

生态文明贵阳国际论坛让中国政府在国际上确立了生态文明话语权。它向国际社会发出了推进生态文明建设的“中国声音”，展示了加快绿色发展的“中国行动”，树立了中国自觉应对气候变化的负责任大国形象，有力推动了生态文明建设的实践，形成了《贵阳共识》，确立了生态文明的中国话语权。

中国城市的“生态示范”

如何实现生态保护与经济发展的双赢，是中国城市发展面临的关键问题。贵阳作为我国西部欠发达城市，以创新驱动发展为核心，坚守生态与发展两条底线，将自主创新示范与生态文明示范完美融合，探索出一条双赢路径，成为中国生态文明发展建设的一个缩影。

两个高位对接，撬动生态文明的新支点

为建设生态文明城市，贵阳实施创新驱动发展战略，牵手中关村，探索双赢之路。中关村是我国第一个国家自主创新示范区，在全国掀起的是一场技术革命；贵阳是我国第一个全国生态文明示范

城市，在全国引领的是一场生态革命。技术革命和生态革命的高位对接，生态文明与创新驱动的完美融合，在贵阳引发了一场抢占发展先机、赢得发展主动权的模式变革。

为保住“绿水青山”，又获得“金山银山”，2013年9月8日，贵阳市政府与中关村科技园管理委员会签订了战略合作框架协议，正式拉开了贵阳与中关村“创新驱动、区域合作”的序幕。贵阳拥有政策、生态、交通区位、产业基础、人文等方面的优势。政策上的支持，既满足中关村自主创新、示范带动的需要，又满足贵阳转型发展、加快发展的需求，而良好的生态、交通、产业、人文环境，适合高新技术产业、现代制造业和现代服务业等新兴产业的发展，符合中关村自主创新发展的要求。贵阳与中关村的合作，是两个“国家级示范”的高位对接、协同创新和深度合作，有利于创新驱动发展与生态文明建设的高位对接，有利于自主创新体系与生态文明体系的有机结合，有利于“示范引领、辐射带动”与“科学发展、同步小康”两个历史使命的融合推进。[①]这种高位对接将在全国，甚至世界形成一场抢占先机、赢得主动的发展模式变革。

构建开放带动创新格局。贵阳欠发达，在很大程度上是因为欠开发；贵阳欠开发，在很大程度上是因为欠开放。要转型发展、后发赶超，贵阳必须善借外力，坚定不移地走“借船出海”的路子。贵阳牵

① 唐嘉艺，李再勇.“两个国家级示范”要高位对接、协同创新、深度合作[OL].人民网，2013年8月28日.

手中关村，共建中关村贵阳科技园，搭起了贵阳与北京两地长期互动的交流平台，“科技因子”的注入，将成为贵阳传统产业提档升级的“新引擎”。贵阳牵手中关村，将利用好这一开放平台，实现与北京的科技资源同城共享，打造各种承接、交流合作和创新平台，建成贵州全省对外开放的重要窗口、招商引资的重要平台、科技创新的重要基地，构建开放带动创新格局。

推进全面创新改革试验。基于中关村成功的发展经验，科学合理的发展规划与布局，中关村贵阳科技园形成了“一城（科技创新城）两带（北部高新技术产业实体经济带、南部现代制造业实体经济带）六核（高新技术产业引领区、现代制造业聚集区、科技金融区、协同创新区、双龙航空港经济区、贵阳综合保税区）”的空间布局。同时结合现有产业发展基础，充分利用中关村的科技创新优势资源，加快构建以高新技术产业为主导、生产性服务业为主体、现代制造业为支撑的现代产业体系，推进全面创新改革试验。

打造辐射带动创新高地。中关村在探索中国特色的自主创新之路，实现创新驱动发展方面，最重要的特色是科技产业政策制度上的创新，最典型的经验是“1+6”系列新政。乘着中关村“1+6”系列新政之风，贵阳在全国产业结构调整“堵车”的情况下，根据自身产业发展现状，全面进行发展战略升级，选择科技创新这个最大的机会，也是唯一的机会，轻装上阵，走出一条在西部地区不靠开矿、不靠重工业，而是依靠科技创新实现环境保护与经济发展双赢的一条新路。贵阳充分利用中关村贵阳科技园这个大平台，聚集更多高端创新要素，围绕“快”、“转”、“高”的目标，当带动力强的“火车头”、转得更快的“发动机”，为整个贵州的经济社会发展特别是产业转型升级注入新的强大动力。

坚守两条底线，生态之美化作百姓之富

贵阳城市发展坚持底线思维，提出了坚守生态和发展两条底线的发展思路。对于贵阳来说，发展滞后仍然是主要矛盾，加速发展仍是贵阳的首要任务。当前，贵阳已进入生态文明示范城市建设的关键时期，但也面临总体经济实力仍然存在差距、生产方式粗放、产业结构不合理、自主创新能力较弱等问题。因此，加速发展、加快转型、推动跨越是贵阳面临的主要任务，贵阳必须坚持把加速发展、加快转型、推动跨越作为第一要务，通过发展保障改善民生，维护社会稳定。但贵阳的发展始终坚持“建设金山银山不能破坏绿水青山”的原则，没有再走“先污染后治理”的老路。按照“既实现经济的快速发展，又保护好宝贵的生态环境”的目标，创新发展模式，推动产业升级，树立政绩观，实现了“在保护中发展，在发展中保护”的目标。这为构建我国城市可持续发展模式提供了可复制、可推广的经验。

推进产业升级与绿色发展相融合。产业是支撑城市发展的重要基础，是实现城市发展模式可持续的关键。贵阳已经在产业转型升级和绿色融合发展相结合方面进行了积极的探索。以城郊特色农业、都市

特色农业为重点，积极发展畜、禽、蛋、奶、果、蔬、花、药、茶等生态农业。大力发展绿色经济、循环经济、低碳经济，大力发展旅游、会展、物流、金融等现代服务业，实施了一系列促进服务业加快发展的重大措施。

探索城市建设生态优化发展路径。建设绿色生态宜居城市是必然趋势，也是可持续发展战略的根本原则。贵阳瞄准生态优化的目标，把保护和建设良好的生态环境作为生存之基和发展之本，采取严格措施保护青山绿水。近年来，完成营造林 145 万亩，中心城区新建观山湖、花溪十里河滩、小车河 3 个城市湿地公园，在市中心黄金宝地新建了筑城广场。开展“打响森林保卫战”专项行动，严厉打击违法占用林地，不予审批涉及水源保护区、风景名胜区等环境敏感区的矿山开采项目。

构建多元共生的生态文化体系。多元共生的生态文化为生态文明城市建设提供了良好氛围。贵阳建设生态文明示范城市，抓住了生态文化这个要点。编制生态文明建设学生、市民、干部读本，引导市民践行绿色、低碳、简约的生活方式、消费模式，生态文化渗透到城市建筑、市民行为、城市精神等方方面面。培育充满地域文化特色的贵阳城市精神——“知行合一、协力争先”，并让贵阳城市精神深入人心。营造带有时代气息的良好社会风气，“绿丝带”志愿者系列爱心互助活动蔚然成风。打造带有比较优势的城市形象品牌，“爽爽的贵阳——中国避暑之都”金字招牌越擦越亮。完善文化基础设施建设，孔学堂等文化基础设施成为贵阳新的文化地标。此外，2013 年 1 月，已经连续举办 4 年的生态文明贵阳会议升格为生态文明贵阳国际论坛，作为目前全国唯一以生态文明为主题的国际论坛，其所达成的《贵阳共识》已经内化为贵阳城市建设的重要理念。

把改善民生作为生态文明建设的出发点和落脚点。生态文明建设的出发点和落脚点是改善民生，享有良好的生态环境是人民群众的基本权利，是政府应当提供的基本公共服务。贵阳在改善民生方面，以老百姓“学有所教、劳有所得、病有所医、老有所养、住有所居、居有所安”为目标，切实提高城乡居民生活满意度和幸福感。2014 年民生支出占公共财政支出的 62%。基本解决 50 余个城市重点缺水片区用水问题，建成一批养老院、敬老所。实施全民健身工程，城乡居民最低生活保障标准均提高 11%以上，减少贫困人口 3.15 万，180 个贫困村“减贫摘帽”。

探索双赢之路，大数据引领发展模式转型

城市发展与生态保护之间的矛盾，是一个全球性的共性问题。谁破解了这个问题，谁就会引领城市未来的发展方向。大数据时代引发的颠覆性创新思维，为解决这一矛盾提供了可能。贵阳紧抓大数据产业发展的机遇，以大数据带动城市转型，探索双赢发展之路，为我国乃至全球破解发展与生态的矛盾提供了经验。

大数据让贵阳更“绿色”。高消耗、重污染的粗放型发展模式是

造成我国生态环境持续恶化，城市发展不可持续的根本原因。大数据时代，是用数据创造财富的时代。管理者通过对每个用户的信息进行收集并海量存储，再对数据进行分析，发现其消费等服务意向，从而依托互联网推送可行性途径，依托数据分析创造财富，实现生产方式的绿色化。

贵阳发展大数据，以推动大数据服务、云计算服务、物联网服务、移动互联网服务的融合协同发展为基础，不断拓宽信息服务业发展空间，完善高端品牌创建、高素质人才引入、高增值和高回报产业培育，建立了大数据产业体系。依托贵阳市信息技术产业基础，贵阳建成大数据特色产业基地，成立大数据呼叫中心，推进大数据在智慧城市、网络金融、食品安全等领域的示范应用，带动大数据产业集聚发展。2014 年年底，贵阳大数据中心服务器突破两万台、呼叫中心座席突破 2.2 万个，新注册大数据及关联企业 227 家，食品安全云、医疗健康云、教育云等在贵州全省率先发展，云上企业超过 2 900 家，上线产品达 1.4 万个，以大数据为重点的电子信息产业规模达 660 亿元，并荣获“最适合投资数据中心的城市”称号。

大数据让贵阳更“智慧”。大数据的应用，只有人们想不到的，没有做不到的。智慧城市是当今世界推进战略性新兴产业和城市信息化进程中的前沿理念和探索实践，是对现有互联网技术、传感器技术、智能信息处理等信息技术的高度集成。智慧城市的实质是利用先进的信息技术，对包括民生、环保、公共安全、城市服务、工商业活动在内的各种需求做出智能响应，实现城市智慧式管理和运行。大数据作为建设“智慧城市”的数据信息支撑，其核心价值及重要性不容小觑。

贵阳大数据产业的发展，为“智慧贵阳”的建设提供了技术条件。按照“块数据”发展要求，贵阳着力打破零散分割的信息孤岛状态，整合加工开放共享数据资源，更有效地服务大众，真正释放大数据的价值和能量，贵阳摸索出了一条符合实际需求的智慧城市建设道路。比如，贵阳建立了全国首个免费Wi-Fi全覆盖系统，采集大量市民行为数据、企业数据、社交平台数据和感知设备数据等。以民生数据开放为切入点，全面推动政府数据开放。围绕智慧城市公共服务的发展需求，深度挖掘数据的潜在价值，如“数据铁笼”的成功实践等，这些都是大数据推动智慧城市建设的实际成效，充分发挥了“大数据改善民生”的作用。

2015年5月，深圳市腾讯计算机系统有限公司分别和贵阳·贵安新区管委会、泰豪集团签订战略合作协议，三方将在贵阳·贵安新区打造全国首个生态和“互联网+”深度结合的智慧城市样板，服务贵州，辐射西南。按照战略合作协议，由腾讯为贵阳·贵安新区制订智慧城市方案，其中的“微信城市服务”将把交通、公积金、社保、旅游、医疗、金融等服务功能整合在微信平台上，市民通过手机就可以满足日常生活服务需求。

大数据推动贵阳社会治理现代化。党的十八大以来，创新社会管理，完善国家治理体系和治理能力被发展到新高度，十八大要求“要围绕构建中国特色社会主义管理体系，加快形成党委领导、政府负责、社会协同、公众参与、法治保障的社会管理体制”。长期以来，我国政府传统的社会管理模式一直存在刚性稳定、单向决策、行政管制、单一思维等问题，官员滥用职权、贪污腐败事件屡见报端。面对这样的问题，大数据将“触手”渗透到金融、健康、住房、交通、教育等重大民生领域，影响着企业的决策和国家发展的战略部署，让科学治理、创新社会管理成为可能。

贵阳进行“数据新政”创新，用数据说话、用数据决策、用数据管理、用数据创新，推动政府朝着协同共治、公众参与、法治保障的治理方向转型。

第二章 “六大工程”打造贵阳升级版

生态美则发展优，发展优则百姓富，生态与发展共赢已然成为关系人民福祉和未来发展的战略抉择。贵阳在生态和发展方面有两个标签：在生态方面，全国首个生态文明示范城市，“爽爽的贵阳”品牌，是贵阳市生态文明建设的标签，让贵阳第一次站在了全国生态文明建设的前面；在发展方面，贵阳的标签仍是西部欠发达、欠开发地区。在生态文明引领发展新常态的背景下，贵阳提出了全面实施平台创优、科技引领、公园城市、社会治理、文化惠民、凝心聚力等六大工程，以生态引领发展、以改革推动发展、以开放带动发展、以创新驱动发展，通过坚守生态与发展两条底线，把握大数据时代的机遇，以转型带动升级，探索出一条西部欠发达城市经济发展与生态改善的双赢之路，让生态与发展双赢的贵阳能够持续跑在全国乃至世界的前列。

从0到N的平台革命

平台是战略、是革命、是一种生态圈。关于平台，有这样一个经典案例：最初的微软只是作为IBM（国际商用机器公司）产品的互补者被引进到PC（个人电脑）中，随着PC的普及，微软搭建出了一个完整的平台，成了电脑软件行业的平台组织者、电脑程序的运行者，这种通过建立关系网络达到价值激增的模式即为平台战略，其本质就是合作开放。在平台时代，公平为属性、“圈人”为思维、“赢家通吃”为法则，它以其强大的统治力和赢利能力，正成为席卷全球的新革命。

在这种开放共赢的时代特征下，贵阳以区域合作为重点，以中关村贵阳科技园为核心，强化京筑（指北京和贵阳的区域合作）理念对接、资源对接、产业对接和项目对接，实现了从0到N的平台创新，推动了各种要素的引入、聚集、合作，推动了贵阳发展的升级。

科技创新平台

以“人才+项目+载体+资金”为支撑，按照“研究院+平台+产业化项目+产业基金”的模式，搭建科技创新平台。

聚焦产业创新平台。围绕战略性新兴产业、高新技术产业等产业发展需求，着重打造新能源新材料、高端装备制造、生物医药、软件与信息服务业、光电产业、新医药和健康产业等重大平台载体，服务和带动贵阳战略性新兴产业加快发展。

打造关键技术平台。围绕“七朵云”建设工程，搭建和完善电子政务云、工业云、电子商务云、智能交通云、智慧旅游云、食品安全云、环保云项目建设平台，联合国内外高校、机构、企业，推进科技研发、技术交易、科技金融、孵化加速、云数据“五大中心”建设。

完善公共服务平台。加快高新技术产业集聚区、高端装备制造千亿级园区、金融创新引领区、现代服务业示范区等园区的建设，更好地服务科技创新和战略性新兴产业发展。

创新平台组织模式。按照市场化原则，探索建立新型产业技术研发组织，加快推动生物、软件、3D打印等产业技术研究机构建设，创新内部管理、人才引进、收益分配等机制。

创业服务平台

建立数据共享，拓展才智引入路径。建设数据交易市场，通过社会数据共享形成大众创业、万众创新的社会氛围，着力构建“众创空间”，加快发展众创空间等新型创业服务平台，促成“创客中国”区域平台落户贵阳基地。构建“种子（播种社区）—苗圃（哺育社区）—孵化器（孵化社区）—加速器（加速社区）—产业园（产业化社区）”的孵化及产业培育链条，打造大数据创客公园、大学生创业园、留学归国人员创业园等成熟的孵化载体和贵阳国际人才城等平台，聚集互联网金融、电子商务、金融服务、信息服务等产业，形成较为完善的科技产业公共服务平台和科技孵化体系。同时，依托“新三线”梦工厂[①]、中小企业孵化园，为孵化“毕业”企业规模化、产业化发展提供空间。

制度环境平台

制度环境是发展的基础规则和社会规范，贵阳通过政府“造血”、市场“铺路”，营造了良好的发展环境。

倒逼政府改革，实现“小政府大服务”。通过制定完善“权力清单”、“责任清单”、“负面清单”，着力简政放权，激发市场活力。通过推进投资主体多元化，鼓励引导社会资本进入农业和水利工程、市政基础设施、保障性住房建设、社会事业等领域。利用大数据倒逼机制，深化政府改革，建立“用数据说话、用数据决策、用数据管理、用数据创新”的管理机制，推进管理型政府向透明、高效、廉洁的服务型、责任型政府转变。

完善市场体系，提高资源配置的公平性。建立公平开放透明的市场规则，培育发展商品市场和要素市场、多层次资本市场、技术市场，逐步建立城乡统一的建设用地市场和人力资源市场，清除市场壁垒，营造稳定透明高效的对外投资环境，打造统一开放、竞争有序的现代市场体系。

---

① 贵州高新技术开发区实施“中国西部创业园”工程，“新三线”梦工厂是其中一个园区，以贵州铝厂厂房为主体。

金融支持平台

大数据时代，金融业是一种融合跨界的发展新态势。贵阳通过建设金融园区汇聚金融要素、成立科技银行提供金融服务、发展基金实施金融支持，打造金融支持平台，有效推动创新项目与现实生产力对接，引领金融大数据发展。

园区聚集新要素。依托中关村贵阳科技园，强化京筑两地间科技、金融、人才的无缝对接和实时共享，着力建设集金融服务、商务办公、休闲娱乐、居住生活于一体的大规模复合型金融商务区，提升金融中心的吸引力，实现了金融产品、金融人才、金融创新、金融技术等要素的充分聚集。同时，贵阳还建立了互联网金融产业园，通过建设互联网金融企业聚集区，把科技金融和互联网金融打造成贵阳金融业两张名片，从而支撑贵阳打造西部地区科技金融创新城市和互联网金融创新城市。

银行提供新服务。按照建设中关村贵阳科技园的总体工作部署，建立贵阳银行科技支行，加强和中关村贵阳科技园的对接和合作，主动参与建设科技金融服务体系，针对科技型企业不同成长阶段的融资需求，组建专门的科技金融服务团队，创新金融产品，促进项目落地，确保将信贷资金和优质服务注入科技企业，支持企业做大做强。同时，扩大科技型企业的融资渠道，推进贵州银行、中国工商银行等设立科技支行，引导金融资本投入科技创新领域，缓解科技型中小企业融资难题，为区域经济结构的调整、发展方式的转变、创新活力的聚集创造更加有利的条件。

基金助力新发展。发展基金的投入能够有效地汇集资金，无论是对企业发展，还是对创业项目的扶持，都有着极为重要的作用。通过与银行业金融机构签订支持贵阳设立电子商务产业园投资发展基金框架合作协议，充分发挥财政性资金的杠杆作用，进一步集聚和培育电子商务企业，促进电子商务产业发展。加大青年创业扶持基金会建设力度，采用“资金支持+导师辅导”的核心扶持模式，为创业者提供无利息、无抵押、免担保的创业启动资金，配备“一对一”创业导师，支持和鼓励青年科技人才创业。

大数据引领产业升级

“数据即资产”，大数据颠覆了传统的思维模式和发展模式。发展大数据，是贵阳坚持两条底线、探索双赢之路的战略选择。以大数据引领产业升级，贵阳探索出了发挥后发优势、支撑后发赶超的新技术、新业态和新模式。

产业技术创新重构全新产业链条

数据驱动创新。数据科学时代，大数据转变了发展方式和方法，大数据是战略、是资产，同时更是一种产业技术，这种产业技术主要表现在数据的“加工”能力，通过数据“加工”实现产业的增值和赢利，使得以互联网为基础的经济新形态的效用以“×”的方式实现最大化。这种多维的聚合能量主要体现在大数据的特性上：一是聚合效应，多维度数据聚合产生“1+1 ＞ 2”的聚合效应；二是乘法效应，强调要素之间的关联所产生的“效能”，是促进几何级数增长的一种形态；三是外部效应，又称溢出效应，指一个主体的行动和决策使另一个主体受益的情况，实现数据价值的有效流动与配置。

谁拥有了数据，谁就有话语权，“大数据×”作为一种新的经济形态，成为生产力的重要要素和技术手段，改变了人类认识世界的思维模式、丰富了人类改造世界的方式、拓展了人类的劳动对象。“大数据×”的无限效用，成为产业突破原有领域和边界的重要依托，重构了全新产业链条，成为产业创新发展的基石。

“从互联网+”到“大数据×”的新业态

站在大数据的风口上顺势而为——让经济飞起来。借助大数据，对接生产生态和生产性服务业，是贵阳产业发展的思路和灵魂。贵阳充分发挥大数据的乘法效应，加速经济的转型发展，以全新的产业态势助力弯道超车、后发赶超。

工业 4.0 的贵阳戏法。“中国制造 2025”实际上就是中国版的“工业 4.0”，而“工业 4.0”的制高点在于实现从“制造”到“智造”的转变。

“三动力”助力贵阳从“制造”到“智造”的转型。创新驱动，贵阳以创新驱动为引领，规划建设研发中心和创新科技基础设施，构建竞争力强的规模化特色产业基地，抓好发展机遇、先机和制高点，加快发展新能源、装备制造、电子信息等产业。智力驱动，以小投入撬动大产业为方针，以较少的资源投入，创造几何级数的产出；人才带动，走人才促转型、产业聚人才，人才与产业同步发展、相得益彰的产业发展新路。

“三集群”从点到面助推贵阳工业转型升级。建设国家级大数据产业发展集聚区，坚持互联互通、开放共享，以城市公共大数据平台建设和智慧贵阳云应用示范为抓手，以政府数据开放和市场数据交易为内生动力，以具有比较优势的数据中心和呼叫中心产业为切入点，构建全产业链的大数据产业生态环境。建设医药健康产业集群，以“四轮驱动、四个结合”为引领，大力发展化学药品、中药深加工、生物制药、医学工程，建设贵阳医药产业园，培育壮大本地龙头企业、重点企业。建设特色产业集群，以新能源汽车、服务器制造等为重点，发展高端装备制造业，以国家级经济技术开发区为引领，打造千亿级示范园区。

农业 3.0 的贵阳转型。大数据+农业，能否成为下一个风口上的“猪”？农业 3.0 期待在贵阳腾飞。

寓精于农。建立农业互联网生态圈，发展精准农业，从农业产业链的各个环节着手，构建农资生产商和农户之间的关系网。推动智慧农业，通过精确农业、农业物联网、互联网云服务、大数据分析等新技术来解决农业生产技术问题、农业规模化问题、农产品质量安全问题以及产品价值实现问题等。从“空间、时间、成本、安全、个性化”5个角度改变农产品消费市场，完善农产品消费者的客户体验，增强客户黏性。建立以农业龙头企业为核心的农业互联网金融平台，为全产业上下游提供投融资、网上支付等金融服务。

创新农业形态。依托“互联网+”，以市场需求为导航灯，以资源禀赋为定位器，用抓工业的方式抓农业，促进一二三次产业融合互动。建设现代农业高效示范园区，发展农业电子商务，创新农产品营销模式。发展新型农业经营主体，坚持引进来和走出去，培育扶持农产品加工企业。

“三家”争鸣助跑贵阳服务业。做好“预言家”，通过数据分析做好未来发展转型，探索“预判发货”的市场模式，通过精准化分析本市、本省乃至全国的产业数据，做好市场走势、产业趋势、经济形势的研判。当好“实干家”，依托网络信息平台，依靠高度聚集和流动的信息资源，实现消费者与生产者的直接对接，合理避免第三方现象，促进商贸、金融等服务业的去中介化。干好“革命家”，基于数据的共享特性，推进定位数据、物联网数据等数据的融合，精确定位客户的消费喜好与需求，提高生产效率。在“我的就是你的”这一资源平台下，共享产品和服务，提高资源使用效率。

集聚发展推动产业多头并进。以打造西部科技金融创新城市和互联网金融创新城市为载体，建设贵阳互联网金融产业园，引导各类互联网金融业态集聚发展。以打造全省旅游集散中心为目标，实施景区改造升级、旅游配套服务提升、旅游市场拓展等工程，建成一批旅游集散服务中心、特色旅游文化街区和精品酒店等。以打造现代服务业集聚区为重点，推进中心城区批发业态转移，优化提升中心城区商务区，发展总部经济，建设“马上到”国际物流园、投入运营传化智能公路港等。

发展模式的贵阳法则

既要经济发展，又要蓝天常在、碧水长流。贵阳把握时代机遇和改革时机，形成了“增高、扩绿、限耗、壮文”的发展理念和发展模式，实现了产业生态化、生态产业化。

增高——提升高端产业发展水平。以科技为引领，创新为驱动，发展高新技术产业与现代制造业。以信息技术产业为核心，发展新一代信息、新材料、新能源等产业，以高端制造业为支撑，发展高端装备、航天航空等产业。

扩绿——扩大绿色产业占有率。以生态文明为载体，发展绿色产业。以节能为基础，重点发展绿色材料、资源再生利用等为代表的环保产业；以大健康、大医药为核心，重点发展生物医药、健康服务等产业；以服务为抓手，构建金融服务业、旅游业、现代物流业等现代服务业产业体系；以农业为支撑，打造都市农业、设施农业、绿色农业、生物农业等。

限耗——限制高耗能、高污染产业发展。限制污染产业，淘汰落后产业，按照生态文明城市建设规划的要求，运用数据分析手段，落实蓝天、碧水、绿地计划，对水泥、石化、煤炭等高耗能、高污染产业进行限制淘汰，鼓励通过兼并重组等方式压缩产能。

壮文——壮大文化创意产业。通过弘扬传统文化、阳明文化、夜郎文化等特色文化，推进文化与旅游业融合发展；打造文化创意平台，大力发展基于数字外观、掌上终端、人机设计的文化创意产业。

疏老城，建新城

城市是一个有机的生命体，是长期不断更新发展的产物。城市的“有机更新”要顺应城市肌理，采用适当规模、合适尺度，不断提高规划设计质量，从而达到从“有机更新”到新的“有机秩序”的演变，实现城市环境的优化和功能的提升。如果把贵阳“疏老城，建新城”看成一棵树的成长的话，那么，科学规划就是树根、公园体系就是树干、一个个的公园就是树叶、城市的功能就是树冠，坚持保护与治理并重，保护生态环境，聚合的是城市这棵大树所需的环境要素。正是基于对城市发展的“有机更新”理论的认识，贵阳构建了城市建设的绿色框架，彰显了城市的生态功能。

筑牢规划根基

双赢发展，规划先行，贵阳以规划建设为基础，抓重点、延触点，筑牢城市建设的规划基石。

一张蓝图绘到底。2014 年年初，贵阳市《关于进一步优化规划工作职能的意见（试行）》启动实施，全市上下树立“学规划、懂规划、用规划、守规划”意识，围绕“规划一张图、建设一盘棋、管理一张网”这一目标，促进城乡规划、土地利用规划、产业发展规划、人口发展规划、生态保护规划、民生保障规划“六规合一”。

摒弃“摊大饼”，努力“蒸小笼”。坚持“组团式规划、功能性布局、协同化发展”，形成“两核、多组团”城市空间布局结构，增强组团服务功能。坚持以区为单位实施“蒸小笼”连片改造、组团发展，实现文化旅游创新区、双龙航空港经济区、高新技术产业引领区、综合保税区等区域同步化发展。依托各类开发区、园区，推进产城互动、以产促城，提升城镇化发展水平。

完善公园体系

以公园城市为引领，依托环城林带、河湖湿地、城市山体等特色资源，建立城市组团间、组团内的生态廊道，构建森林公园、湿地公园、城市公园、山体公园、社区公园“五位一体”的城市公园体系，营造生态良好、适宜居住的城市环境。

构建科学的指标体系。贵阳制定了《贵阳市绿地系统规划专题研究——贵阳市建设“公园城市”途径研究》，围绕两大方面、18个指标建设贵阳公园城市。两大方面，是指城市绿地环境和公园建设；18个指标主要为立体绿化普及、精品化工程建设、绿地率、绿化覆盖率、人均公园绿地面积、公园服务半径覆盖率、万人综合公园指数、各区人均公园绿地面积、大于等于公顷植物数量、国家级公园数量、城市居民对公园建设满意度等指标。

扩园增绿为民而行。在公园服务半径覆盖率上，以大于等于95％为要求，实现300米见绿、500米见园。实施精品化工程，建设精品示范公园、精品示范广场、精品示范居住区、精品文化景观带和国家级公园。完善基础设施，高标准建设绿色建筑、绿色社区、绿色交通出行体系，在构建绿色城市框架、完善城市功能、提升城市品位的同时，建设健康、适用、高效的生产生活空间，让每个“毛孔”都透出绿色。

腾笼换鸟搭建新城。调整用地结构，释放金融保险、现代商务、文化创意等高端现代服务业发展空间，推进老城区产业升级转型的“科技创新城”；强化新老融合，通过有机更新保留老城街区原有生长肌理，维护老城原有历史风貌，重塑“老贵阳”城市记忆。

打造“千园之城”

统筹城乡建设，实现区人均绿地面积达17平方米、市民房屋

200 米范围内就有绿地活动空间、500 米范围内就有一座城市小公园，2020 年建成“千园之城”，让市民切切实实地住在公园里。

老城区，依山傍水建公园。靠水吃水，靠河流湖泊开发带状公园，拓展河滨空间、结合河道治理，形成水网绿带交融的城市绿色线性空间。靠山吃山，依靠山地开发山体公园，因地制宜建绿地与公园。就地取“材”，依靠居民小区开发社区公园。依托老城区资源推进主要以山体公园、湿地公园、社区公园为主的公园城市建设，2014~2018 年，贵阳老城区规划建设绿地及广场用地 313 公顷，计划启动项目 102 个，其中公园广场 28 处、项目配建绿地 54 处。在湿地公园建设方面，以小型河流湿地为主，建设方向指向带状公园。

新城区，建“有意思”的公园。一旦“放得开手脚”，新城区公园建设也显得更“有意思”。在建设湿地公园、山体公园的基础上，新城区的公园建设要以补充老城区公园服务盲区、扩大综合公园服务范围、探索新型社区公园标准为目标，充分挖掘自然和人文资源，建设类型更加丰富、面貌更加多样、服务更加齐全的各种专类公园，建设寓教于乐的儿童公园，展现地方民俗文化特点的民族公园，以及比体育馆、体育场开放性更强的体育公园，让公园在市民的 15 分钟生活圈内“现身”。

各区县，年年上马新公园。着眼于公园城市建设，在基础设施配套、生态环境塑造、园林绿化增加等方面同步推进市县两级公园体系建设，依托各区域资源、基础现状，年年新建公园，让区县市民住在公园里。

完善功能分区

贵阳把公园城市的建设理念贯穿于各个层面、各个环节，充分发挥贵阳山多、林多、湿地多的生态优势，彰显“显山、露水、见林、透气”的城市特色，完善城市功能分区。

发挥南明区和云岩区的区位优势和资源优势，建设社区公园、城市公园，注入城市文化资源，形成城市商务休憩区。依托花溪中央公园、十里河滩、天河潭等湿地公园，打造花溪生态旅游区。以森林公园为纽带，建设集森林康体、户外运动等于一体的乌当生态健康区。以阳明文化公园为依托，建设修文生态养心区。发挥开阳南江大峡谷、紫江地缝等山体公园优势，打造开阳生态休闲区。加强环城林带、山脉、绿地、河道资源的修复和保护，构筑多条“水清、岸绿、景美”的城市滨水绿化景观走廊，共建城市生态涵养区。着力打造湿地公园、森林公园、水库资源的保护工程，形成优良生态系统区。

做实五大计划

坚持保护与治理并重，以“蓝天保护计划”、“碧水保护计划”、“绿地保护计划”、“清洁保护计划”、“田园保护计划”为基础，制定贵阳城市环境总规，明确环境承载上线、生态保护红线、环境风险底线，深入实施巩固和发展国家环境保护模范城市创建成果，建设生产发展、生活富裕、生态良好的公园城市。

从“两严一降”看社会治理创新

建设生态文明，关乎民族未来；保障社会安全，关系人民福祉。安全是生态文明建设的基础和核心。贵阳创建生态文明示范城市的首要目的是为市民提供安全的生态环境、生活环境。以人为核心的社会治理模式与生态文明的理念一脉相承，是生态文明示范城市的重要组成部分。

抓好一个主题，找准社会治理体系的突破口

抓好“严打”和“严防”。把“严打”作为短平快的“治标”手段，“严防”作为根本性的“治本”手段。通过“治标”为“治本”赢得时间，“治本”为“治标”创造空间，最终达到社会治安防范的目的。“打”出声威，加强对刑事打击工作的管理、统筹、指导、督促、协调，在精准研判、专业打击模式的基础上，整合各类资源，形成“五位一体”的打击模式，拓展“多规合一”技战法，针对高发类案件和团队作案，实行“五个一”（即一个领导、一个专班、一套方案、一支队伍、一抓到底）。“防”出效果，按照“一个乱点、一个领导、一个班子、一个方案、一套措施、一抓到底”的“六个一”工作要求，分类梳理治安乱点、复杂区域、治安隐患、薄弱环节，开展集中清

查整治、集中专项打击等整治行动。以三定（规定巡逻盘查量、规定标准动作、规定战果治标）为工作方针，促使防控向专业化、职业化、精细化发展。实行人防、技防相结合，最大限度消除犯罪土壤，挤压违法犯罪空间。

做实“一降”工作。坚持问题导向，正视客观存在的突出问题，注重运用法治思维和法治方式分析研究社会治安问题，把“降低刑事案件发案率”作为建设平安贵阳升级版的核心指标和主要突破口，强调“书记抓、抓书记”，健全工作责任体系。调动各种资源，集中各种力量共同参与。

整合两大资源，夯实社会治理体系的着力点

发挥政府指挥棒作用。强化顶层设计和系统谋划，创新党委统筹、协调、督促、指导社会管理和群众工作的职能。加强统筹协调：强化组织领导，完善工作机制，发挥“统筹全局、调动各方”的作用，研究社会形势，制定治理政策，提升统筹协调能力，推进各项工作。加强整体推进：提高政策的系统性、针对性、可行性、实效性，对热点问题深入研究、对问题难点探求方法，加强宣传，培育典型，实现重点突破、整体推进、全面提高。加强规划建设：健全机制，坚持问政于民、问需于民、问计于民，提高决策的科学化水平。发挥自律、他律、互律的作用，规范社会共同行为准则。学习借鉴先进理念、先行经验，推进社会治理规范化、法治化。加强督查考核：建立

以群众满意度为主要内容的公众评价指标体系，健全考核的科学性、针对性、操作性，构建多元评价主体，完善考核评价方式，强化社会治理的专项统计分析，为社会治理工作的纵深推进提供参考依据。

发挥社会的协同治理作用。社会治理的核心是实现政府和社会组织等多元参与主体的共治，加强社会协同是摒弃政府唱“独角戏”的做法，形成“党委领导、政府负责、社会协同、公众参与”的社会治理新格局。充分发挥人民团体、社会组织、村（居）委会、群众参与等社会各方的作用，推进社会协同，激发社会治理工作合力。

坚持三管齐下，筑牢社会治理体系的安全阀

社会治理要坚持治本与治标相结合。一方面，始终坚持“关口前移、源头治理”的工作思路；另一方面，要加大预防和化解矛盾纠纷的工作力度，注重流动人口、特殊人群、困难群体的管理服务工作，坚持“三管齐下”，着力排查化解三类人群的生产生活问题，把矛盾纠纷存量降到最低，筑牢社会治理体系的安全阀。

流动人口怎么办？把好“三关”：深入基层，深入群众，开展调研，掌握实情，把好底数关；按照“谁出租谁负责，谁经营谁管理，谁用工谁负责”的原则，把好管理关；开展多种形式的宣传，使制度落实于民，把好宣传关。做实“三管”：建立健全租赁房屋登记备案制度，做好以房管人；建立健全居住证制度，做好以证管人；建立健全登记报送制度，做好以业管人。实现“三有”：建立城乡一体的劳动力市场，

合理引导劳动力流向，实现流动有序；健全流动人口的管理服务办法，实现管理有法；完善流动人口的管理服务工作，实现服务有效。

吸毒人员怎么管？强化“四个依托”：充分发挥社区人熟、地熟、情况熟的优势，依托社区管理；调动群众积极性，群策群力，依托群众管理；从基础上筑牢防范的屏障，依托基层组织管理；调动成员单位的积极参与，依托部门联动，形成齐抓互动的管理格局。建立“四大机制”：建立规范管控机制，全面加强吸毒人员的信息化管控；建立常态化的管理机制，及时掌握吸毒人员的状况；建立互联互动的协作机制，加强信息收集、加大管理力度；建立心理健康咨询机制，以制度化、规范化、常态化促进吸毒人员心理健康发展。做到“四个坚持”：坚持以人为本，营造对吸毒人员包容关爱的社会氛围；坚持帮教优先，让社会温暖照进吸毒人员心灵；坚持疏堵结合，互联互通、截流堵源、标本兼治；坚持综合治理，处理与收戒、处理与管控、处理与感化相结合。

困难人员怎么服务？按照“广覆盖、社会化、可持续”的原则，加强困难群体管理与服务，在经济、社会、权利及实践四个方面做到确保，即确保帮扶资金落实到位，确保帮扶基础工作做实，确保帮扶手段无缝对接，确保帮扶机构得到充分利用。

推动四个强化，增强社会治理体系的主动权

强化党委主责。完善领导机制，牢固树立“不抓社会治理建设就

是严重失职”的意识，做到重要工作亲自部署、重大问题亲自过问、重要环节亲自协调、重要案件亲自督办，切实做好自己的“责任田”；完善工作机制，将社会治理与经济社会发展同部署、同检查、同落实；完善责任追究机制，实行终身追究制、连带责任追究制；落实“一把手”责任制，形成“一把手负责、一揽子统筹、一竿子插到底”的工作格局。

强化基层基础。“基础不牢，地动山摇”，基层社会治理事关执政基础。深入基层、深入实际、深入群众，掌握真实情况；从实际出发，深入研究、总结经验、总结教训，强化对工作的指导；加大基层人力、财力、物力的投入，解决有人管、有人干、有权干、有钱干的问题；健全组织，搭建工作平台，健全基层党组织。

强化网络管理。合理划分网络化管理单元，做到精确定位、精选定人、精准定责，实现网络全覆盖、工作零缝隙；科学构建网络管理组织体系，推动城市管理工作规范化、精细化、常态化，提升城市管理水平；系统优化社区资源力量配置，构建专群结合、条块结合、社群结合的社区网络管理工作格局，实现管理集成、资源聚集、力量集合；形成网络化管理长效机制，实现社会管理的可持续发展。

强化社会共治。构建枢纽型社会组织体系，形成资源共享、优势互补、相互促进的良好局面；构建志愿服务体系，形成“文明委统一领导、文明办牵头协调、联合会自主运行、部门齐抓共管、社会共同参与”的志愿服务体系；构建社会领域党建体系，实现“建组织、强队伍、建机制、强保障、建平台、强责任”的工作目标，促进非公经济组织和社会组织党建工作迈上新台阶。

提升五种能力，增强社会治理体系的凝聚力

依靠法治方式，牢固树立“发展是第一要务、稳定是第一责任”的意识，围绕“小事不出村（居）、大事不出社区（乡、镇）、难事不出区（市、县）、矛盾不上交”的工作要求，把握化解矛盾的主动权、切实把问题解决在萌芽阶段、有效防止事态反复扩大，不断提升矛盾预防化解工作能力；采取畅通信访渠道、严格诉讼与信访分离、狠抓初信初访、减少信访积案、维护信访秩序、促进问题解决的措施，不断提升信访工作能力；建立应急管理机构、加大应急资金投入、完善应急预案体系、加强应急队伍建设、提高应急知识普及、抓好应急平台建设，不断提升应急处置能力；加快基础信息资源整合、完善电子政府综合平台、完善政民互动信息网络、构建城乡信息服务体系、加强网络信息安全管理、提高全民信息应用能力，不断提升社会管理信息化能力；创新基层管理体制、创新基层群众工作、整合基层社会治理资源、不断提升城市基层社会治理能力。

深化六种改革，推进社会治理体系的长效化

深化行政管理体制、城市管理体制、群众工作体制、公共安全管理体制、社会组织体制以及干部考核体制六种改革，调动党员、干

部、群众的积极性，激发社会活力，引导社会各界积极有效地参与社会管理服务，推进治理体系和治理能力的现代化。

通过由长官意志走向民主法治、由权力下放深化到合理分权、由精简机构深化到结构优化、由体制改革拓展到机制创新等“四由”，深化行政管理体制机制改革。

理顺城区管理体制、完善城市管理责任监督机制、改革城市管理模式，深化城市管理体制机制改革。

健全群众工作制度、拓宽社情民意表达渠道、健全群众诉求解决体系、建立有效的利益协调机制，深化群众工作体制机制改革。

加强食品安全、生产安全、社会治安防控、突发事件应急管理等的监管，深化公共安全管理体制机制改革。

通过实施简化等级程序、规范监管体系、加大政策扶持力度、促进社会组织自身建设和自我发展、加快立法程序，不断深化社会组织体制机制改革。

完善考核评价体制、建立自我监督机制、扩大公民监督权力，深化干部考核体制机制改革。

三足鼎“筑”的精神大厦

生态+文化+科技=生态文明，生态重在文明。文化是文明的精髓，生态文明建设离不开文化的支撑和保障，通过加强文化建设，全民树立文化意识、增强道德修养、发展文化产业、构建文明制度等，使文化不断地融入生态文明建设过程之中，为生态文明建设提供精神动力和智力支持，贵阳把文化惠民工程提升为城市发展的重大战略，以孔学文化、阳明文化等传统文化为主线，依托孔学堂、阳明洞、阳明祠这三足，构建了“知行合一”的城市文化精神大厦，为弘扬社会主义核心价值观搭建了重要平台，为实现双赢发展提供了全新的理念、方式和路径。

殿堂、庙堂与学堂

《礼记·礼运》记载，“大道之行也，天下为公，选贤与能，讲信修睦。故人不独亲其亲，不独子其子，使老有所终，壮有所用，幼有所长，矜、寡、孤、独、废疾者皆有所养，男有分，女有归。货恶其弃于地也，不必藏于己；力恶其不出于身也，不必为己。是故谋闭而不兴，盗窃乱贼而不作，故外户而不闭，是谓大同。”

坐落于花溪河畔的贵阳孔学堂，仰承孔学精华，总占地460亩，分为“公众教化区”和“中华文化研修园”。自2012年孔学堂开放以来，按照“创造性转化、创新性发展”的精神，承载着传统文化普及、教化、研究、交流等功能。作为传承与弘扬中华传统文化的殿堂，在贵阳，孔学堂不只是“庙堂”，更是讲学、研究、培训的“学堂”；是传承与弘扬儒学的圣殿、教化与开启新风的基地，是贵州文化新名片和中华文化传承交流的重要窗口，是面向全国面向国际，兼收并蓄、海纳百川的开放大平台。

话建筑，儒家殿堂的代言人。主打汉唐建筑风格的孔学堂，一改各地孔庙主要采用的明清风格，整个建筑的一纵两横“三轴交联”之势，将儒家思想的“礼”、“仁”、“治国平天下”等思想通过建筑布局表现得淋漓尽致。遵孔庙基本规制，弱化祭祀功能，强化学习传播功能。结合贵州地域文化，顺山形地势，依山傍水，坐西南、朝东北；大胆创新，自成一格，彰显视觉上的恢宏大气和孔子时代的文化氛围。

话传承，贵阳新兴文化符号。致力弘扬与传承，重塑儒学文化生命力。围绕中华优秀传统文化传承、社会主义核心价值观，依托公众教化区，分主题常态化开展“六艺”培训、国学公益、“我们的节日”讲座等活动。加快建设孔子儒学博物馆，展示孔子生平、学术历程、学术成果，对优秀传统文化思想价值进行挖掘和阐发，拓展了传统文化的教化传播功能，建设孔学堂成为贵阳全新的文化符号。

话旅游，文化精髓不可缺。推动孔学堂文化与旅游融合发展，为“爽爽的贵阳”之旅增添文化内涵与魅力。立足山水人文，学习借鉴国内旅游文化产业发达地区的经验和做法，加快产业发展进程，深入挖掘儒家文化的“仁义礼智信”，通过有形的文化产品与无形的精神熏陶，更好地满足人们的旅游需求和文化体验；注重人才建设，培养懂管理、善经营的复合型人才队伍，实现文化与产业的双赢。

话未来，谱写儒学新篇章。实施弘扬中华优秀传统文化工程五年规划，依托文化研修园，立足贵州、面向世界，采取多种形式开展广泛交流与合作，提升孔学堂的影响力；借助生态文明论坛和各类大型活动举行的契机，通过开展儒学论坛、搭建高端学术平台等手段，不断提升孔学堂儒学研究水平；成立学术委员会，聘请专家、学者和知名人士担纲，确立与知名大学和国学研究机构合作的模式，提升孔学堂中华优秀传统文化传播和覆盖面；筹建孔学堂杂志和孔学堂书局，为传播中华文化提供高质量的学术交流平台和开辟重要推广渠道；创办“孔学堂网站”，借助网络媒体覆盖面广、渗透力强及传播速度快等特点，通过及时发布最新信息、传播国学知识、与公众进行互动交流，增加学者和市民群众及国学爱好者了解、学习优秀传统文化的途径，全方位展示贵阳孔学堂的良好形象；完善建设内容，邀请国内外知名专家学者和文化产业界人士，对孔学堂定位、运营等进行深入研究论证，拟订管理体制、运行机制及人才引进计划，制定贵阳孔学堂章程、入驻条件、科研机构及研修人员入驻协议书以及助学助研金、出版基金和奖金管理办法。

“论道”格物致知

“无善无恶心之体，有善有恶意之动，知善知恶是良知，为善去恶是格物。”《王阳明四句教》是王阳明大半生学术思想的概括性论述。王阳明“成道于修文，传道于贵阳”，作为中国古代儒学发展的最后一个高峰，王阳明的哲学理念在塑造世界儒学文明圈的人生观和宇宙观上做出了重要贡献。阳明文化具有独特性、唯一性和不可替代性，多年来，贵阳从不同角度对阳明文化开展了研究和探索。

阳明心学的时代价值。价值观是兴国之魂，阳明文化中讲仁爱、重民本、守诚信、崇正义等时代价值，有利于构建以崇尚和谐、追求和谐为价值取向的思想文化体系；“致良知”体现的仁爱观、伦理观、道德观、实践观是精神文明建设不可或缺的题中之意；“万物一体为仁”思想是保护生态环境平衡、人与自然和谐相处的充分体现；“心外无理”、“行知合一”的思想，主张高扬人的主体性，指出“知而不行，等于未知”，强调“行知合一”的重要性，这些文化心学对建设社会主义和谐社会、弘扬社会主义核心价值观、推动生态文明建设、践行群众路线和实现“中国梦”都具有重大意义。

龙岗书院的文化传承。书院是传承中国传统文化的最大载体，阳明文化是贵阳本土传统文化的代表，通过主动与国内知名高校合作，高起点建设阳明书院，设立阳明文化图书馆，贵阳形成了国内及世界阳明心学研究基地和阳明学研究中心。同时，阳明书院定位于集传统文化教育和现代人文教育为一体的教育机构，在论“道”、讲学、开展现代教育、刊印书籍等四个方面下功夫，为王阳明研究搭建交流和传播平台，致力于挖掘贵阳城市文化脉络，不断深化和丰富贵阳城市文化内涵。

“龙场悟道”的品牌效应。作为阳明心学起点的“龙场悟道”之地，贵阳在心学发展史上拥有独特的地位，被中外学者尊为心学的

“耶路撒冷”。立足“龙场悟道”这一核心概念，贵阳加快建设“心灵圣地”标志性建筑、“龙场悟道”遗址、中国阳明心学文化地标、心学文化博物馆、王阳明展览馆等，高规格打造世界“心灵圣地”，通过发掘城市文化，打造城市名片，不断提升城市品位，彰显贵阳城市魅力。借助《宋城千古情》、《魅力湘西》、《印象 · 刘三姐》等高端文化创意品牌的成功案例，贵阳立足阳明文化，充分利用“龙场悟道”这一独特资源，将大力引进民营资本，精心打造《龙场悟道》这一大型创意文化节目。按照高标准、严要求的原则，对节目进行精准定位、力求雅俗共赏，推动文化创意产业大发展，实现最大的市场效益和文化效益，助推经济转型升级。

问道“知行合一”

行是知之始，知是行之成。2009 年，贵阳提出“知行合一、协力争先”的贵阳精神，这是阳明文化与时代精神有机结合的产物。近年来，贵阳从城市发展战略全局的高度，深入发掘和大力弘扬阳明文化的时代价值，以阳明文化为核心大力发展文化事业、文化产业，助推贵阳双赢发展升级，实现了阳明文化的延续。

重引领，以社会主义核心价值观为导向。贵阳立足自身传统文化底蕴，坚持社会主义核心价值观引领，将王阳明的思想精华、道德精髓融入社会主义核心价值观，凝聚全社会的精神力量。通过策划和推动以阳明文化礼节、良知、道德、官德、诚信、敬业、孝道之风为重点的“善行贵阳”等实践活动，贵阳在贯彻落实社会主义核心价值观方面实现了看得见、行得通、叫得响、见成效。

广交流，探索传播走廊的先行先试。文化的影响力是需要传播的。阳明祠以王阳明黔中行迹为主线，整合省内阳明文化资源，形成连接贵阳城区、修文、施秉、镇远、黔西等市（县），辐射省内外的阳明行迹传播走廊。通过将阳明文化纳入孔子学院网站、在生态文明贵阳国际论坛常设“国际阳明文化研究分论坛”、成立阳明学会等，增强阳明文化影响力、提高国际知名度。以阳明祠为中心打造“黔中王门”文化圈，疏通中端传播路径，打通高端传播路径，提高阳明文化的省际影响力。开展全方位、多角度、多类型的大众化宣传，确保大众传播路径畅通。

强品牌，创建阳明文化综合性活动品牌。立足于良好的自然条件和浓厚的历史文化资源，主打“生态牌”，创建阳明文化品牌的运作体系，打造融文化、旅游、娱乐、经贸等多项活动为一体的综合性品牌活动。引导、鼓励、支持社会力量投入阳明文化产业体系建设。围绕打造“现代高端服务聚集区、人文云岩创新宜居公园”目标，将阳明文化作为提升城市功能和品质的切入点和突破口，建设“阳明文化主题公园”，实施阳明祠阳明特色文化街区建设工程，将建设特色文化街区工作与“疏老城，建新城”工作结合起来，打造中心城区的著名街区。研发阳明文化旅游商品，策划“心学之旅”阳明文化国际精品旅游线路，在东亚及东南亚重点推介；抓好形象设计，注册文化商标。借鉴无锡灵山大佛和杭州安缦法云的成功案例，大力开展招商引资活动，开拓休闲养生市场，打造高端修身养性园，建成以健康养生体验、身心拓展训练、修学修心、健康管理产业为主的高端传统养生文化体验基地。

促联动，实现阳明文化与产业融合发展。在合理布局的前提下，贵阳阳明祠、阳明洞和孔学堂这“三足”实现互补型发展。一是按照功能定位，规范修复和利用文物建筑，实现三者在产业、服务与核心区的必要隔离和有机统一；二是坚持政府投入为主的文物保护修复模式，鼓励社会资本按照开发规划推进实施孔学堂和阳明文化园的产业配套区、基础设施建设，实行公益与产业的互补型运营；三是打造阳明祠、阳明洞、孔学堂为一体的阳明文化“心学之旅”旅游品牌，将阳明祠建成文化特色街区，将阳明洞建成文化产业园区，围绕“吃住行娱购游”需求链，构建阳明文化特色旅游产品体系，借力贵阳大数据发展机遇，鼓励、支持社会各类运营主体以及文化企业入驻产业园，整合创意设计、传媒、影视等力量进行开发推广。

和合的向心力

“讲仁爱、重民本、守诚信、崇正义、尚和合、求大同”①是中国

① 涵养社会主义核心价值观的重要源泉（上）：讲仁爱重民本守诚信.光明日报，2014年7月29日.

文化中的思想精华和道德精髓。“和合”文化源远流长，和、合二字都见之于甲骨文和金文。《尚书》中的“和”是指对社会、人际关系诸多冲突的处理，“合”则是指相合、符合。建设生态文明，正确处理各种社会关系，培育和弘扬社会主义核心价值观，仍需“尚和合”。实现和合社会的前提与基础是生态治理模式的创新，这种创新既要做好政治系统角色的归位，又要做好充分性民主的平衡之力，以达到凝聚发展共识，形成发展合力。贵阳从创新生态治理新模式出发，立足本地实际，坚持“五力并举”，为和合贵阳打造全新的宏伟蓝图。

牵引力——生态文明的贵阳共识

“生态文明反映了一个社会的文明进步状态，是一座城市对发展的更高层次渴求”。[①]“绿色行动、绿色变革、绿色转型、绿色城镇、绿色消费”这一连续成功举办6年的生态文明贵阳国际论坛，成为继博鳌亚洲论坛之后又一个得到中国政府支持、国内唯一以生态文明为主题的国家级国际性论坛。每年夏天，来自世界各地的官、产、学、媒、民各界高层人士相约贵阳，权威解读和探讨绿色商机与共同应对生态环境的挑战。尽管每一届论坛的主题不一，但贵阳已然传承生态文明的精神，并内化贵阳发展的核心理念和价值追求。从全国首个生态文明示范城市规划《贵阳建设全国生态文明示范城市规划（2012—2020年）》的公布，到全国第一部生态文明建设地方性法规《贵阳市

① 一座城市对“文明”的诠释.贵阳日报，2014年12月22日.

促进生态文明建设条例》的出台，标志着生态文明已经从思想共识变为行动共识。生态文明已经成为引领贵阳发展的重要战略。如今的贵阳，生态产业发展迈上了新台阶，生态文明建设实现了新跨越。

内驱力——以人为本的贵阳追求

以人为本是科学发展观的核心。春到人间草木知，贵阳秉持“全心全意为人民谋幸福”的理念，围绕人民群众最关心、最直接、最现实的“民生十困”问题，以“去民之患如除腹心之疾”的态度，下决心着力办好一批群众看得见、摸得着、感受得到的实事，着力解决“用水难、收入低就业难、上学难上好学难、看病难、养老难、治安形势严峻、住房难、行车难停车难、买菜难买菜贵、活动空间少”等长期困扰贵阳市民的难题，让市民实实在在品尝到幸福的味道。民生改善的浓浓暖意，幸福指数的步步提升，是打造城市发展升级版路上最“贴心”的收获，处处传递着一种“贴心”的文明温度。

凝聚力——共创和谐的贵阳模式

“爽爽的贵阳”，处处涌动文明潮，时时唱响和谐歌。凝心聚力，用梦想和实干凝聚共识，心往一处想，劲往一处使，以更加科学的体制，让各界人心、各方力量尽可能多、尽可能快地转化为打造贵阳发展升级版的动力。

强化党委统筹，充分发挥各级党委在打造贵阳发展升级版中统揽全局、协调各方的核心作用，坚持把方向、议大事、管全局，集中精力解决好制定方针政策、决定重大事项、安排重要人事、推动各项改革、维护社会稳定等重大问题，有效实施在各个领域的政治、思想和组织领导。按照“动起来、干起来、统起来、严起来”的要求，建立科学化、规范化、制度化机制，加强对人大、政府、政协的领导，加强同各民主党派和无党派人士的团结合作，加强对民族、宗教工作及群团组织的领导，进一步汇集各方智慧、凝聚发展力量。

推进民主协商，健全协商制度，拓宽协商范围和渠道，推进协商民主广泛、多层、制度化发展，促进社会各界力量的合作协调。充分提高和调动公众参与协商的意识和热情，打通社情民意反映和表达渠道，通过各种方式，广纳群言、广集民智，增进共识、增强合力，推进民众政治协商、民主监督、参政议政。充分利用大数据技术推动政府数据开放与共享，提高决策的科学化、公开化、透明化水平。

执行力——美丽中国的贵阳实践

美丽中国，多彩贵州，爽爽贵阳。贵阳坚守发展和生态两条底线，坚持发展主基调主战略，强化开放带动、创新驱动、改革推动，积极抢抓新机遇，主动适应新常态，坚定不移走出一条西部欠发达城市经济发展与生态改善双赢的可持续发展之路。

调结构，“爽爽贵阳”不再“酸”。曾经是全国酸雨城市之一的贵阳，通过抓机遇、抓改革、抓转型，大数据产业、高端装备制造业、都市现代农业、生态旅游业等战略性新兴产业在黔中大地迅猛发展。如今的贵阳，拥有国家园林城市、中国人居环境范例城市、全国文明城市、国家卫生城市、国家节水型城市、中国避暑之都、最适合投资数据中心的城市等称号。

重治理，天更蓝，水更清，地更绿。贵阳围绕抓好生态建设这一主线，深入实施“蓝天”、“碧水”、“绿地”三大保护计划，落实生态保护和加强环境治理工程，让贵阳的天更蓝，水更清，地更绿。

建机制，先行先试开创全国先河。组建全国首个环保法庭、环保审判庭，实现司法管辖权统一，率先出台建设生态文明城市指标体系，生态文明从抽象理念变得有了标准和参考，出台国内首部促进生态文明建设的地方性法规，把生态文明建设的各项重大决策纳入法制化轨道。贵阳围绕生态文明建设，创新了一系列体制机制，形成许多开拓性、创新性的做法，开创了全国先河。

广参与，全民动员守护家园。从 2007 年起，贵阳开始探索环境保护“社会参与、多方共治”模式，保护生态环境，爱护城市家园，已成为越来越多市民的自觉行动，相继组建 30 余支生态环保志愿者队伍，拥有志愿者上万名，践行“我参与、我受益、我快乐”的志愿者精神，400 多万贵阳人民始终秉持“知行合一、协力争先”的城市精神，努力展示着美丽中国的贵阳表情。

发展力——城市蝶变的贵阳经验

贵阳梦，归根于发展梦。这个梦，表面上是对速度的追求，对城市发展的推动，本质上却是对更美好生活的向往。从科技创新作为建设生态文明城市的主引擎，到紧紧依靠创新驱动实现双赢；从举全市之力推进中关村贵阳科技园建设，到发展大数据、新医药为代表的高新技术产业和现代制造业，贵阳始终坚持继承与创新有机结合、保护和发展有机结合、当前和长远有机结合的科学决策，凝聚全市共识、整合全市力量、共建和谐小康社会，不仅为生态文明城市的发展守住生态底线，也为欠发达城市的明天插上腾飞的翅膀。

第三章 “千园之城”重塑生态观

城市从其诞生之日起就面临着自然生态与发展的矛盾。从工业革命时期认为只要以先进技术为基本出发点对城市物质空间变量加以控制，就可以塑造出良好的城市环境的“逆生态观”，到以“田园城市”、“带形城市”、“明日城市”、“指状城市”为代表的注重城市空间、景观的“形式生态观”，再到注重城市生态功能与城市景观相结合的“综合生态观”，人类对城市生态的认识不断进步。但这种“综合生态观”更多的是从城市规划和城市空间布局的角度来认识生态，忽视了城市得以存在的基础——发展。脱离了发展的生态观也只能仅仅停留在人们对城市规划的美好愿景中，不能从根本上解决生态与发展这一矛盾。

贵阳作为全国首个生态文明示范区，提出了要建设“公园城市”

的目标，就是要用经营公园的理念来经营城市，将城市的自然生态景观与城市发展融为一体，按照“疏老城，建新城”的思路，打造“以山为屏、以水为脉、以路为廊、以园为核”的“一环、三廊、六楔、多核”的绿色空间系统，大力建设森林公园、湿地公园、山体公园，实现绿地系统在空间上连续、在功能上互补。让市民享受“公园里的工作和生活”，从“千园之城”望见幸福，是符合中国特色的，是中国生态文明城市建设的方向，是国际生态文明建设的一种潮流，是一种新的生态观。

南明河，母亲河

河道是一个城市文明的发源地。城市河流作为城市生态系统的重要组成因素，已经和正在被城市建设者所关注，其生态功能作用也逐渐被引入到生态城市的建设中。南明河是贵阳的母亲河，是贵阳重要的生态轴线和文化轴线，孕育了贵阳优秀的历史文化，也是“爽爽的贵阳”的重要组成部分。在贵阳建设公园城市的背景下，南明河以生态化、绿色化为主题，以生态河道治理为理念，与其周边形成带状公园，水更清、岸更绿、景更美，成为贵阳“千园之城”的重要组成部分。

南明河：贵阳诞生的摇篮

南明河是流经贵阳市区的重要河流，也是汇水区域内最大的排水和泄洪通道，属长江水系，为乌江支流，源于苗岭山脉北麓平坝县玉龙乡。

历史上的南明河，生机盎然，不仅滋养了一代又一代贵阳人民，也孕育和成就了贵阳厚重的历史文化。贵阳依南明河而建，南明河成就了贵阳的灵秀之美。南明河一直都是文人雅士钟爱的地方，南明河畔的渔矶湾更是风雅之地，大批文人曾居住在这里，他们沿河两岸修建园林，平日相互往来，饮酒赋诗，或泛舟河上纵情高歌，结成诗社，文采风流，盛极一时。王阳明在《南庵次韵二首》中描述的美景："隔水樵渔亦几家，缘冈石路入溪斜，松林晚映千峰雨，枫叶秋连万树霞"，正是南明河畔翠微园500多年前的风貌与情韵。《徐霞客游记》中也曾描述，"五里，有溪自西谷来，东注入南大溪，有石梁跨其上，曰太子桥。此桥因建文帝得名，然何以太子云也？桥下水涌流两岸石间，冲突甚急，南来大溪（今南明河）所不及也"。明宣德以后，本地人文蔚起，科名之士崭露头角，贵州首位诗人、"贵州文教鼻祖"王训是其中的杰出代表。

20世纪70年代以前，南明河一直是贵阳的直接饮用水源，所以南明河一直被誉为贵阳的"母亲河"。然而，近些年来，随着贵阳经济不断发展以及人口快速增长，南明河水质开始恶化。到了90年代，南明河沿岸到处是煤灰垃圾，遍布棚户区，近百个生活污水区和工业企业向南明河大量排污，水体严重富营养化，污泥淤积，河床抬高，河道狭窄，防洪能力明显降低，洪涝灾害给城区居民造成了严重的经济损失，昔日的母亲河近乎成为一条“失去生命的河流”。这不仅给贵阳城市环境质量和景观造成极大损害，也严重影响了河边市民的日常生活。因此，“变清母亲河，造福子孙后代”成为贵阳人民的共同愿望。

标本兼治，让母亲河长治久清

南明河水环境的治理是一项综合性系统工程，对南明河的治理，贵阳市按照先救急、再治本、标本兼治的原则，自 2012 年开始分步骤开展治理工作。经过三年的努力，南明河综合治理一期工程取得了良好的成效，南明河核心段淤积重、水变黑、臭味浓的现象得到了明显改善，沿河景致大为改观。2015 年开始，二期工程已经启动，在一期工程的基础上，二期工程以进一步改善南明河水质、改善南明河与周边的生态景观及提高生态修复能力为重点。相信不久的将来，昔日的母亲河定能恢复清新的“容颜”。

坚持规划先行。2012 年 9 月，贵阳制定了《贵阳市南明河城区段水环境综合整治规划》，提出以“营造科技生态南明河”为指导理念，明确了“政府主导、机制创新、依法治理、科技支撑、全民参与、长治久清”的整治宗旨，为南明河治理一期工程明确了方向。贵阳还制定了《南明河水环境综合整治实施方案》，明确了“截污治污为先，内源污染消除为保障，两岸环境质量提升为需求，生态自净能力恢复为根本”的治理目标。目前，第一阶段涉水工程已完工，南明河及五条支流水质进一步改善，沿岸排污管网基本消除“跑、冒、滴、漏”的现象，水质及感官效果得到有效改善。2015 年 2 月，在一期工程的基础上，结合打造贵阳升级版的目标，贵阳出台了《贵阳市碧水保护计划（2014—2017 年）》，提出要以水质改善、水生态系统恢复、人水和谐为目标，坚守生态保护底线，坚持实施水污染治理，综合利用经济、法律、科技和必要的行政手段，为实现全市水生态环境的明显改善奠定基础。①

创新治理机制。为加强对南明河水环境综合整治工作的领导，贵阳市专门成立了南明河水环境综合整治指挥部，负责综合协调相关部门，统筹和推进南明河治理工程。在坚持政府主导的前提下，南明河在治理过程中还吸纳专业力量参与，引进了国内顶尖的集设计、建设、运营、技术服务、产业投资为一体的大型水环境专业综合服务商——“北控水务集团”共同治理母亲河。

实施综合治理。针对南明河流域水环境污染的复杂性和综合整治任务的艰巨性，贵阳以改善提升南明河水质为核心，按照标本兼治的原则，以支流治理为关键，污水处理设施（厂、管网）建设为重

① 《贵阳市碧水保护计划（2014—2017 年）》. 贵阳网，2015 年 2 月 3 日.

点，通过“截污、治污、生态修复”等基本手段，通过干、支流的生态提升治理，重塑河道生态链，提升水体自净能力。同时，坚持源头治污，加大对污染源的治理力度，完成南明河干流生态修复，通过实施多种生态改善和生态补水措施，提高河道的自净能力。完善配套设施，对上游支流进一步治理，完善河流两岸排污管道及雨污分流管网建设，提升污水处理厂处理能力及水平。加强监管保障，构建南明河水环境监控平台，强化对沿线污染源及建筑施工单位的管控，保障治污效果。动员全民参与，不断提升居民保护水环境的意识，充分理解支持并自觉配合城市的建设与管理，改变垃圾随便往河里扔、污水随意往河里排的习惯，并积极主动参与到南明河治理的行动中。

功能再造，打造流动的带状公园

在贵阳建设公园城市的背景下，南明河作为穿城而过的重要河流，贵阳在改善其水质、修复生态系统的前提下，充分利用其沿线的文化资源，不断完善其周边生态景观建设，打造具有贵阳人文特色的生态文化走廊，让南明河成为贵阳的一座流动带状公园。

按照公园城市的理念，南明河的环境治理力图实现与景观设计同步。贵阳坚持“生态优先、整体优化、协调共生、功能高效、持续发展”的原则，把生态文明、生态河道治理理念贯穿到南明河水环境综合整治的各方面和全过程。注重河道沿岸的绿地、生态、景观设计，将生态元素、景观元素、文化元素、经济元素融入南明河区域带，让沿岸绿地成为水与城市相遇的舞台，将人对水的亲密感带到景观设计之中，把南明河打造成为环境优美的特色生态走廊。

永远的“三口水缸”

水是生命之源，不仅是因为水孕育了生命，更因为水是维系生命体正常运转的重要资源和能量。城市饮用水的质量直接影响了市民的身体健康和生活品质。生态文明示范城市，首先是安全的城市。在全国水污染形势日益严峻的情况下，贵阳从节约用水、规范用水、工程治水等方面着手，为三大水源地筑起绿色保护屏障，确保红枫湖、百花湖、阿哈水库“两湖一库”水质的持续好转、水量的充足保障。

“三口水缸”，贵阳人的“生命线”

红枫、百花、阿哈、花溪、松柏山五大水库是贵阳的主要饮用水水源地，承担着为贵阳市400多万市民提供健康、清洁的饮用水的重任。其中，“两湖一库”是贵阳市及周边居民主要的生活饮用水以及旅游、养殖、发电、工农业等用水的水源地，日平均向贵阳城区、清镇市、白云区供水55万吨，承载了贵阳城市用水量的60%，被称为贵阳市民的“三口水缸”。

红枫湖位于贵阳市清镇市、平坝县和安顺市西秀区境内，属长江中上游乌江水系。红枫湖蓄水面积57.2平方千米，蓄水量可达6亿立方米，深达 100 米左右，流域面积达 1 551 平方千米，其面积相当于 12 个十三陵水库，6 个杭州西湖，是目前贵州高原最大的喀斯特人工湖泊。红枫湖是贵阳最大的饮用水源，每天向城市供水达 40 万立方米。除向城市供水外，红枫湖还具有灌溉、发电、旅游等辅助功能。

百花湖地处贵阳市观山湖区朱昌镇和百花湖乡之间，是红枫湖的下游湖库，是猫跳河梯级电站第二级蓄水库。百花湖湖水面积 13.5 平方千米，蓄水量为 1.3 亿立方米，以城市供水为主要功能，兼有灌溉、发电、旅游等辅助功能。目前，百花湖的入湖河流为猫跳河、东门桥河、长冲河、麦西河、板坡场沟。

阿哈水库位于贵阳市南明河支流小车河上，属乌江水系。阿哈水库是以城市供水和防洪为主的中型水库，汛期通过拦蓄南明河支流小车河的来水以缓解城区防洪压力。阿哈水库总库容为 7 200 万立方米，正常蓄水库容为 5 420 万立方米，防洪限制库容为 4 950 万立方米。水库设计标准为百年一遇设计，两千年一遇校核，万年一遇保坝。同时，阿哈水库也是贵阳市城市供水的主要水源地之一，高峰期日供水量达 25 万立方米，占市区供水量的 48%。目前，阿哈水库的入湖河流为金钟河、烂泥沟河、蔡冲河、白岩河、游鱼河。

“两湖一库”的水质情况直接关乎贵阳人民的健康水平和城市的发展质量。进入 21 世纪以来，受城市规模的扩大、人口的增加、工农业快速发展的影响，生活污水、工农业污染等不断增加，“两湖一库”的水质日益恶化。2000~2007 年两湖的水质逐渐由Ⅱ类或Ⅲ类恶化到Ⅴ类或劣Ⅴ类，其中 2007 年两湖的水质均未达标，超标污染物主要为总磷、氨氮、溶解氧、石油类、挥发酚等。

筑起“绿色屏障”，让老百姓喝上放心水

面对日益恶化的水质，自 2007 年开始，贵阳市《两湖一库流域污染防治及水环境综合治理规划（2013—2017）》，通过行政、法律和经济等多种手段，展开了饮用水源地水环境治理的“生态保卫战”。经过 6 年的努力，2014 年贵阳的“两湖一库”水质均从Ⅴ类甚至劣Ⅴ类变为Ⅲ类，局部水域还达到了Ⅱ类。7 个饮用水源地水质达标率均为 100%，水质总体良好。

以流域污染治理为主线，对外源污染进行有效防治。主要以河流为主线、沿河农户（居民）为点、农业为面，采取点、线、面结合的方式，通过完善污水收集管网、建设人工湿地、生态滤沟、生态隔离带、生态湿地、涵养林带等生物工程措施构建多级污染防控体系，对河流周边城镇生活污染、农村生活污染、农业面源进行综合生态治理，恢复河流自净能力，实现补给水源达到Ⅲ类水质标准的目标。

以基础设施建设为重点，彻底解决农村生活垃圾污染。因垃圾处理基础设施不健全，农村生活垃圾随意堆放于沟渠、湖岸，经雨水冲刷入湖，是“两湖一库”面源污染最突出的问题，为此，贵阳出台了

《贵阳市两湖一库周边农村生活垃圾治理专项规划》，要求“两湖一库”周边配备垃圾收集箱和垃圾清运斗，实现“两湖一库”饮用水源保护区范围内基础设施全覆盖。同时，建立“户集—村收—乡（镇）转运—区（市）处理”的垃圾长效管理机制，确保农村垃圾能够及时转运，减少了生活垃圾对水质的污染。

以生态隔离带为防护线，隔离农业农村面源污染。“两湖一库”沿湖周边分布有341个自然村寨，10万亩农田耕地，化肥、农药残留物质随雨水进入湖库，通过地表径流散排入湖，形成了两湖主要污染源之一。为此，贵阳探索构建了四级生态隔离体系，即在常水位线至最高水位线外延30米范围内种植草本、灌木、乔木和建设生态滤沟四级隔离带，为有效隔离污染物质，实现生态修复、生态防护、生态隔离和水土保持提供了重要保障。

以科研实验为依托，启动内源污染治理。“两湖一库”建库达60余年，库底沉积大量底泥，底泥在侵占库容的同时，也是水体总氮、总磷污染的主要来源之一。为降低内源污染源，从根本上改善“两湖一库”的水质，贵阳通过与科研部门合作研究，在红枫湖后午片区、阿哈水库大坝区域实施增氧曝气机，与中国环境科学研究院合作在百花湖三屯水域实施原位控制技术的实验与示范，从根本上改善了“两湖一库”的水质。同时，针对“两湖一库”水质富氧化污染严重的情况，贵阳建立了水生濒危植物生物多样性实验基地，探索建立和保护生物多样性生态体系。贵阳实施了红枫湖取水口生物毒性预警监测项目，在红枫湖西郊水厂取水口内，通过微生物生理性状的监测，第一时间对有毒污染物质发出报警，能感应重金属、有机污染物等 5 000 种污染物质，对水质预警起到了积极的作用。

政府推动，创建环境共治格局

设立“两湖一库”管理局，变“多龙治水”为“合力治水”。水资源的安全治理涉及公安、水务、市政、环保等多个部门，受现行体制机制的限制，往往会导致无人治水的局面。为改变这一状况，2007 年 11 月 30 日，贵阳设立“两湖一库”管理局，主管“两湖一库”的水治理工作，变“多龙治水”为“一门牵头、合力治水”，真正实现涉水权力集中、权责统一。贵阳“两湖一库”管理局实行准军事化管理制度，打造了一支纪律严明、业务精通、廉洁公正、亲民助民的执法队伍，采取错时工作、包片管理、一厂一策等方法，严格依法行政，用最严格的标准、最严厉的手段、最强硬的措施，铁腕执法，开展打击非法排污、违法（章）建（构）筑物、非法捕捞、破坏森林资源、非法取水“五大执法战役”，严厉打击各类破坏水资源环境的违法行为。在“两湖一库”管理局的推动下，贵阳市中级人民法院环境保护审判庭、清镇市人民法院环境保护法庭、贵阳市“两湖一库”环境保护基金会相继成立，从行政、司法和社会协同三方面为饮用水源的保护提供了强有力的保障机制。

设立环境保护基金会，解决社会参与和融资问题。设立环保基金会是创建可供多方参与的环境共治平台的一个突破口。2007 年 11 月 30 日，贵阳成立贵阳“两湖一库”环境保护基金会，后改名为生态文明基金会。基金会一方面能与政府机构沟通协调，并能以政府的公信力进行宣传、交流；另一方面又以其社会组织的身份，与纯粹的非政府组织、城乡居民进行双向交流和沟通，成为有效的沟通渠道。这成为拓宽“两湖一库”保护和治理融资渠道的创新之举，基金会汇集多方力量，充当凝聚生态文明建设力量的桥梁和纽带。

实施“乐耕园项目”，探索环境保护走向生态和经济共生的模式。贵阳“乐耕园项目”是贵州社区建设与乡村治理促进会与贵阳市“两湖一库”环境保护基金会合作的项目，旨在通过社区支持农业（CSA）的方式支持“两湖一库”周边农地的生产转型，通过社会合作的方式解决饮用水源保护的问题。[①]在“乐耕园项目”中，农民以生态种植的方式种植和管理各类时令蔬菜，即不施用农药、化肥和生产调节剂，不种植反季节蔬菜和非本地品种，不使用地膜等。在保证村民多年收入略有提高和市民菜价基本不变的前提下，每亩地有 6 500 元的差价，反映出市场中有大量的资源可以从低效率的蔬菜流转过程转为投入环境保护。而市民通过参与此项目，不但蔬菜支出成本基本无变化，还间接地支持了水源地的水质保护，是一种低支付甚至是无支付的“生态补偿”。因此，通过广泛吸纳利益相关方的参与，起到

① 好搜百科.http://baike.haosou.com/doc/3953769–4149023.html.

了生态环境保护以及各方都收益的效果，环境保护真正成为人民的共同事业。

建立健全饮用水源安全保障应急机制，提高水安全风险防控和处置能力。贵阳建立了应急管理指挥平台，贵阳红枫湖百花湖水质在线监控平台制定了市、区两级环保部门针对突发环境事件应急预案分级管理的办法，通过整合人防、公安、气象、环保、城管等资源，全面实现信息采集、视频监控和指挥调动功能。贵阳还制定了《贵阳市饮用水源地突发公共安全环境事件应急预案》，每年开展突发环境事件联合演习工作，并持续开展对各饮用水源地水质环境监测的工作。

都市的“五朵金花”：贵阳的绿肺和氧吧

城市公园是位于城市范围之内经专门规划建设的绿地，供居民观赏、休息、保健和娱乐，以休憩为主要功能，兼具提高城市生态质量、美化城市环境、城市防灾减灾等作用。[①]城市公园是城市绿地系统中最大的绿色生态板块，是城市动植物资源最为丰富的地方，被称之为“城市的肺”、“城市的氧吧”。城市公园对改善城市生态环境、保护生物多样性起着积极有效的作用。贵阳拥有森林、湿地、山体等多种公园类型，且规模较大，公园的质量和品质在一定程度上代表着

① 陶晓丽，陈明星，张文忠，白永平.城市公园的类型划分及其与功能的关系分析——以北京市城市公园为例.地理研究，2013 年 10 月第 32 卷第 10 期.

贵阳城市的形象和品位。历史悠久的黔灵山公园，新规划建设完成的小车河湿地公园、观山湖公园，正在规划建设的阳明文化公园，以及正在改造提升的花溪中央公园等，是贵阳城市公园体系中的代表，可以说，这五个公园就像“五朵金花”，点缀着“爽爽的贵阳”。

黔灵山公园

山体公园是依据山体特色依山而建的公园，是城市公园体系建设的类型之一。

黔灵山公园因地处黔灵山而得名，是一处以断裂构造、水侵蚀作用造就的地质地貌景观为主，以自然生态和人文景观为辅，集美学价值与科学价值于一身的国内为数不多的大型综合性城市公园，素有“黔南第一山”之称。公园由一系列具有特殊科学意义和美学价值、能够代表本地区地质历史和地质作用的地质遗迹组成，是国家4A级旅游景区。依托优美的风景和底蕴深厚的历史文化，黔灵山公园成为贵阳城市公园的重要代表，在贵阳建设生态文明城市、促进旅游文化产业发展中发挥着重举足轻重的作用。

打造贵阳的“天然氧吧”。黔灵山公园由象王岭、檀山、白象山、大罗岭等群山联结而成，面积达300多公顷，新中国成立后辟为公园。黔灵山公园现有多种特色乡土珍稀植物，如半枫荷、岩生红豆树、黔灵山冬青等。乡土植物树种资源丰富，有1 500多种高等植物、1 000多种名贵药材，常见鸟类50多种。依托园内良好的生态环境，贵阳把黔灵山公园打造成为国内大中城市中首屈一指的城市“森林公园”和“天然氧吧”，是贵阳广大市民晨练、游览、休闲、度假的理想场所。

承载厚重多元的文化。在数百年的发展历史中，黔灵山的文化内涵从最初的宗教文化已经拓展至包括生态文化、历史文化等在内的多元文化。丰富的摩崖石刻、碑文、寺庙建筑、佛像雕塑以及历代文人名士在此留下的诗文，都是颇具特色的人文景观。公园内沿“九曲径”登山可达弘福寺，弘福寺与山麓的麒麟洞及山上的摩崖石刻群，均为省级重点保护文物。抗日战争期间，爱国将领张学良、杨虎城曾被软禁于麒麟洞内。湖畔的革命烈士纪念碑，掩映在苍松翠柏之间。如今的黔灵山公园传承着充满特色的文化内涵，其历史文化内涵与旅游经济活动相融合，其内在的文化教育价值被不断挖掘。

小车河湿地公园

湿地公园是以湿地良好生态环境和多样化湿地景观资源为基础，以湿地的科普宣教、湿地功能利用、弘扬湿地文化等为主题，并建有一定规模的旅游休闲设施，可供人们旅游观光、休闲娱乐的生态型主题公园，是城市公园体系的重要内容之一。贵阳小车河城市湿地公园地处南明河上游，位于中心城区的核心部位，是一个集休闲、生态、旅游和湿地生态涵养为一体的公园。它既是展示贵阳生态文明的重要窗口，也是展示贵阳形象的标志性区域。

呵护中心城区林带，净化城市空气。小车河湿地公园依托良好的河谷生态和喀斯特岩溶地质地貌，蕴含了“都市溪谷、溶洞奇观、城市湿地”三大主题。“都市溪谷”的特色是以梯次结构布局植被，以樱花、杜鹃、石蒜、红枫等多种湿地植物为主，并配合木栈道、木廊架等木质小品，是一个展现原生态的自然景观。“溶洞奇观”的特色是喀斯特溶岩地貌，是一个探险娱乐的高端产品。“城市湿地”的特色是生态，有效呵护了中心城区林带，充分发挥着“绿肺”净化空气、增加氧分的作用，是一个“天然氧吧”和公共康体健身场所。

满足市民娱乐需求，提高生活品质。贵阳坚持用生态文明的理念进行公园建设与保护，按照“世界眼光、国内一流、贵阳特色”的要求，形成了主体景观、湿地保护区、儿童游乐区、溶洞景观区、康体休闲区、综合服务区的空间格局，并配套完善垃圾处理、排污治理、慢行系统等功能。公园内的樱花大道、公园北广场、风雨桥、儿童游乐园、木兰林语、听鸟谷、芰荷深处、水磨时光、花谷、康体中心十个景点，更好地满足了市民娱乐、休闲、康体的需求，提高了市民的生活品质。

推动城市带开发，展示贵阳形象。小车河湿地公园项目地处南明河上游，位于花溪大道西侧、西二环东侧、贵黄路南侧，属于二环西路城市带重要控制区域，居于中心城区的核心部位。在小车河湿地公园规划建设过程中，按照统筹五里冲、小车河和南郊公园的整体开发的思路，带动了周边二环西路整体开发，实现经济效益、社会效益、生态效益的有机统一。

观山湖公园

观山湖公园位于贵阳市观山湖区中心位置，是新建的一个集休闲、娱乐、文化、康体于一体的综合性城市公园。公园遵循“自然、生态、大众、和谐”的理念，依托园内得天独厚的水体、山丘、林木、野生动物等资源，给人一种回到野生公园的感觉。观山湖公园是新型城市建设的一个典范。

在观山湖公园园内，由观山湖和金华湖组成的生态湿地水体面积约 600 亩，吸引了数百只白鹭、野鸭等鸟禽在此栖息。园内树木、花草相组合，形成各种美丽的景观，给城市注入了生机，为城市环境增加了新的气息。地下山泉喷涌形成的园内水体，常年保持均衡水位，一年四季碧水涟漪、波光粼粼，是观山湖区的城市“绿肺”。观山湖公园先后承办了 2011 年、2012 年两次生态文明贵阳会议种植生态林活动。培育生态林是生态文明贵阳会议环保公益系列活动之一，旨在通过参会领导和嘉宾亲手植树的示范作用，影响和带动更多人加入到践行生态理念、保护生态环境、促进绿色发展的行列中来。

园内的荷塘田田、湖心岛、环湖湿地、特色古亭、紫薇花园、铜鼓广场、辣椒广场、锦鸡铜鼓广场、民族文化长廊、金桂园生态林、特色景观大道构成了公园主要的生态文化景观。

花溪中央公园

花溪中央公园是花溪区文化旅游创新区建设的重点项目之一，是正在规划建设中的公园。按照规划的部署，将以十字街为核心，整合花溪国家城市湿地公园、花溪水库、花溪湖等公园、湿地、水系，改造提升十字街片区、贵大民大片区、国宾馆片区、孔学堂片区，构建以公园为主体、以文化为特色、以山水为支撑的多功能开放型中央文化主题公园。进而全面推进花溪森林、湿地、山体、城市、社区公园城市体系建设。

花溪国家城市湿地公园是西南地区首个国家城市湿地公园，距贵阳市中心 12 公里，与青岩古镇和天河潭风景区相邻。它以花溪河为纽带，串联起十里河滩、花溪公园、洛平至平桥观光农业带三个景区，并将 3.9 平方千米的大将山景区纳入统一管理。它属亚热带湿润气候下的高原岩溶丘陵区，是以喀斯特地貌为特征的城市湿地公园，其独特的地理位置和地质结构形成了丰富多样的风景地貌资源。公园内湿地类型丰富，有天然的河流湿地、河漫滩，也有人工水稻田、池塘、沟渠等。多样的湿地类型，为各种生物营造了安全的觅食、栖息、繁殖场所，同时也为开展湿地公园的科普、科研活动创造了良好的条件；湿地环境质量较高，尤其是水环境，水资源充足，水质优良，清澈见底，是贵阳市民生活用水的主要供水点；湿地物种丰富多样，湿地公园内有维管束植物、国家二级保护植物、贵州省二级保护植物、国家珍稀保护动物。湿地人文景观资源丰富多样，且特色鲜明，包括田园风光、节庆活动、少数民族文化等。碧云窝的地质遗珍和十里河滩沿线河滩景观都属于特品级景观资源，是具有全国影响力的人文景观，这些景观资源的质量、数量和价值在全国范围内具有典型性，在世界范围内都具有一定的影响力。

其中，花溪公园融真山真水、田园景色、民族风情为一体，是贵州省著名风景区，被誉为贵州“高原明珠”。公园所在的花溪地处长江水系与珠江水系的分水岭，丰富的水资源与发育完全的喀斯特地貌形成了山环水绕的美丽景观，绿地率达 93%，是游客休闲消暑，度假旅游的绝佳场所。这里地处亚热带气候，冬无严寒，夏无酷暑，气候温和湿润，空气清新，拥有生态“大氧吧”、天然“大空调”的美称。

阳明文化公园

贵阳是阳明文化起源地，阳明文化公园是弘扬阳明传统文化、塑造城市灵魂、凸显城市文化特色、提升文化品牌价值的重要载体。贵阳为展示城市传统风貌，打造了独具贵阳特色的老城东部历史文化步行环道，为提升贵阳城市人文风貌整体格局增添了新的内容。

阳明文化公园位于贵阳市云岩区，总面积约 480 公顷，其中阳明文化公园设计面积约 226.9 公顷。阳明文化公园以阳明祠保护区为中心，向西连通文昌阁历史文化街区，向东延伸至仙人洞历史文化街区，核心区面积约52.76公顷。其规划建设，有利于优秀传统文化的弘扬与传播，有利于社会主义核心价值观的培育和实践，有利于贵阳城市精神的塑造，有利于“疏老城”战略的实施和城市品位的提升。

其中，阳明历史文化街区是阳明文化公园最重要的项目之一。该项目以“阳明文化”为主题，以“生态文化、民族文化、民俗文化、时尚文化”为次主题，形成集休闲与文化聚集、生态与商业辉映、历史与现代结合的具有传统文化特色的商业休闲区；以阳明文化广场片区、阳明大道、阳明历史文化街区、螺丝山—东山寺—仙人洞自然生态系统为核心板块，重点建设阳明文化广场、阳明祠、生态休闲综合服务区、东山寺景区、仙人洞景区等13个功能区，将阳明祠及其周边区域打造成为以阳明文化为主题和核心，传统文化、民俗风情与时尚文化有机结合的城市特色文化休闲区、城市精神高地，恢复和再现贵阳“城市记忆”和历史文脉，提升城市的文化软实力和竞争力。

高原明珠上的“大溪流、大花园”

公园城市既是战略，也是目标。从城市公园到公园城市就是要实现从“在城市里建公园”到“在公园里建城市”的转变，就是要用经营公园的理念来经营现代城市发展，解决好城市与生态融合的关系。花溪素有“高原明珠”的美誉。2014年以来，花溪区按照“大溪流、大花园”的山水田园新城的要求，以创建文化旅游创新区为载体，率先建成花溪“百园之区”，为贵阳“千园之城”的公园城市蓝图探索新的模式。

灵秀花溪：自然与人文的完美融合

花溪区气候宜人、物种多样、生态优良。花溪属典型的高原季风湿润气候，空气质量优良，冬无严寒，夏无酷暑，无霜期长，雨量充沛，且多有“夜晚降雨、白日艳阳”的独特气候特征。花溪区地处长江、珠江分水岭，生物多样性丰富，拥有红头潜鸭、灰椋鸟等珍稀鸟类以及宽叶水韭和南方红豆杉等国家级保护植物。花溪森林覆盖率达42%，负氧离子浓度 7 000 以上，被誉为“天然氧吧”，是休闲、旅游、度假和避暑的理想之地。

花溪地处云贵高原苗岭山脉中段，区内地形地貌为低中山丘陵，大自然不仅鬼斧神工地造就了俊秀的青山、起伏的丘陵，还裁月镂云般展现了层林叠翠、台地突兀的自然和谐之美。区域内溪流交错，造就了堰、塘、潭、湖、滩、洲、渚、岛、瀑布和水帘相间的灵动。花溪区传统农耕文化源远流长，耕田、园地与城市阡陌相间，特别是神奇的苗乡高坡，呈现出“林中茅舍几间，樵哥谷中互答”的意境。

花溪区历史悠久，人杰地灵，民风古朴，民情敦厚，人文资源丰富，文化底蕴厚重。清康熙年间，花溪就曾孕育了清代著名诗人、《康熙字典》编纂人之一周渔璜。清光绪年间，花溪又出了云贵第一位状元赵以炯。新中国成立后，周恩来、邓小平、陈毅等老一辈无产阶级革命家和江泽民、胡锦涛等 80 多位党和国家领导人曾视察花溪，他们的莅临丰富了花溪的历史和人文色彩。少数民族人口约占花溪总人口的 1/3，苗族、布依族等少数民族文化相互碰撞交融，形成了丰厚的民族文化积淀。

“一区四化”推动文化旅游创新区建设

在贵阳提出“实施公园城市工程，打造生态贵阳升级版”的背景下，花溪区立足自身独特的生态优势，围绕“大溪流、大花园”的发展主题，按照园区高端化、市区园林化、农村特色化、景区生态化的“一区四化”理念，率先探索建立“百园之区”，构建森林公园、湿地公园、山体公园、城市公园、社区公园为主体的公园城市体系，着力探索一种全域统筹、开放包容、集约绿色的发展模式，为贵阳“公园城市”建设探索模式、积累经验。

为保障文化旅游创新区建设顺利推进，花溪区制定了《关于花溪建设文化旅游创新区发展战略规划》，明确了以生态保护为底线，以综合交通为先导，以产业发展为支撑，以旅游服务为保障，以公园城市为目标，实施创新驱动，努力把花溪建设成为发展引领和先行示范的现代山水田园新城的发展思路。在空间布局上，创新区按照“组团式规划、功能性布局、协同化发展”的总要求和“全域发展、轴带辐射、绿化间隔、单元组团”的总思路，形成“一区、两轴、三片、四组团、多节点”的空间战略布局，因地制宜地推进创新区建设，注意显山露水，突出生态特色，建好“大花园”，打造“大溪流”，提升整体形象和品位，让“花溪”名副其实。

明确重点，创新机制，建“百园之区”

在创新区的建设过程中，花溪区以打造五大体系为重点，推进创新区各项工作有序推进。一是功能完备的生态保护体系。明确环境承载上线、生态保护红线、环境风险底线，构建以监测体系、预警体系、处置体系和修复体系为主体的生态保护体系。二是低碳畅通的综合交通体系。以更加节能环保、快捷高效的铁路、航空为发展重点，加强与外部的沟通联系，提升辐射力和影响力；提升轨道交通和公共交通在城市交通体系中的比重，提高区域内部的畅达性。发展“无碳”的慢行交通系统，将道路建设与生态廊道相结合，提升“快旅慢游”的旅游体验。三是创新融合的现代产业体系。坚持“生态产业化、产业生态化”的发展理念，推动农业和旅游业、文化和旅游融合发展；构建“望得见山、看得见水、记得住乡愁”的文化产业链条。加快建设生态型高端制造业集聚区，推动科技创新与产业转型。四是便利优质的综合服务体系。坚持公益性、均等性、便利性的基本原则，逐步完善花溪公共服务体系，提高公共服务水平。要大力发展生产性服务业和生活性服务业，不断满足区域内各类企业、不同人群多层次多样化的服务需求。五是生态集约的公园城市体系。借鉴新加坡花园城市体系和波士顿公园体系，结合贵阳“千园之城”规划，着力构建一个以花溪中央公园为核心，以森林公园、湿地公园、城市公园、山体公园、社区公园为支撑，以放射状的生态廊道为连接，多片区公共绿地共同构成的公园城市体系。

创新区的建设需要在体制机制上有所突破，应考虑在统筹协调、资金保障、项目开发、生态补偿等方面深化体制机制改革，把各方面力量调动起来，引入市场机制推动开发建设。要建立多层次的统筹推进机制，实现省、市、区联动。成立管理委员会，下设决策、协调、执行多层级的专项工作推进组，全面负责花溪建设文化旅游创新区的规划、管理、建设等各项工作。建立跨部门协作配合机制，加强部门之间的工作对接。深化财政体制改革，建立公共预算体系，建立多元化可持续的资金保障机制。按照花溪建设文化旅游创新区的发展目标，建立重大项目滚动开发机制，找准项目实施的“轻重缓急”，发展可形成产业链和可持续、健康的项目。将生态资源的管理纳入法制化轨道，并合理确定补偿主体、补偿覆盖面、补偿标准科学化核算以及探索市场化补偿模式等，建立健全公平、公正、可操作性强的生态补偿机制。

从新加坡“花园城市”到贵阳“公园城市”

城市是一个生态系统，是城市居民与其环境相互作用而形成的统一整体[①]，科学的城市发展理念和规划是要实现城市建设、经济发展与环境保护的协调发展。20 世纪 60 年代，新加坡实施“花园城市”发展战略，成为全球生态文明城市建设的成功典范。同样坚持生态文明发展战略的贵阳，在吸收“花园城市”、“生态城市”、“宜居城市”等理念的基础上，提出了建设“公园城市”的重大战略，是对我国生态城市发展理念的创新，代表着未来生态文明城市建设的一种新潮流。

从“花园城市”到“公园城市”，是生态城市发展理念的延续和升华

“花园城市”的概念最早由英国著名的规划专家埃比尼泽·霍华德提出，其核心是使人们生活在既有良好的社会经济环境又有美好的自然环境的新型城市之中。“花园城市”的模式是一个由核心、六条放射线和几个圈层组合的放射状同心圆结构，每个圈层由中心向外分别是绿地、市政设施、商业服务区、居住区和外围绿化带，然后在一定的距离内配置工业区。整个城区被绿带网分割成不同的城市单元，每个单元都有一定的人口容量限制（约 3 万人左右）。[②]“花园城市”的核心理念在于通过城市空间布局的调整、城市景观的美化实现城市发展与自然生态的和谐共生。

---

① 现代城市规划中生态系统的建设不容忽视. 中国城市低碳经济网，2012 年 11 月 13 日.

② 王定跃. 新加坡“花园城市”之路及参照. 特区实践与理论，2013 年第 11 期.

“公园城市”是将城市的风景园林、自然景观与城市建设、城市发展融为一体，强调的是“文化中孕育着自然”，“自然中蕴含着文化”。公园城市强调的是用公园的理念来规划、布局城市，将城市的山体、郊野绿地、水体、滨海湿地等作为生态基质，以河流水系、绿廊作为连接纽带，以城市公园作为景观板块，将城市打造成为系统完整的公园网络体。①公园城市的核心理念在于强调城市与自然生态的融合，倡导的是“城市在公园中、公园在城市中”的理念，实现了城市点、线、面与绿色带的联结和融合，展现了“自然中的城市”这一概念。公园城市超越了花园城市在空间、功能上的分割。通过公园城市建设，为城市引入更多自然要素，且这种引入已经不再是从城市美化、绿化的角度出发，而是从健康、生存以及城市经济发展的角度出发，更注重为居民提供舒缓精神压力、感受自然的场所。②

公园城市源于花园城市理论，又与城市发展的时代特征紧密结合，将成为引领21世纪生态城市建设的重要模式。

环境美化与城市发展同步，是花园城市与公园城市共同的价值追求

作为生态城市发展的先进理念和模式，花园城市与公园城市在其

---

① 吴桂昌，王晓川，周春鹏.浅论中山建设公园城市的战略.第九届中国国际园林博览会论文汇编，2013年5月.

② ［韩］曹世焕，刘一虹译.风景园林与城市的融合：对未来公园城市的提议.中国园林，2010年2月.

内在价值追求、实现的功能上具有高度的一致性。

新加坡是“花园城市”理论实践的典范。1965年，新加坡共和国刚刚成立时，经济瘫痪，失业严重，社会秩序混乱，25%的人生活在贫困线以下，国家发展陷入种种困境。在这一背景下，新加坡确定了“花园城市”的战略，提出把新加坡打造成具备“第一世界”城市标准的东南亚的绿洲的目标，经过50多年的发展，新加坡从贫穷落后的第三世界国家发展成如今的全球新兴发达经济体和中心城市之一，以可持续发展和绿色宜居吸引着全球人才、企业、商旅和投资，也为国民提供着优良的生活品质和美好的生活工作环境。[①]

新加坡“花园城市”的建设，以清洁和绿化为起点，经历了清洁和绿化、美化、多样化、网络化、立体绿化五个阶段，实现了城市环境的不断美化。清洁和绿化阶段，实施清洁新加坡行动，提高城市的绿化面积。美化阶段，强调彩色植物的应用，在绿地中增加休闲娱乐设施。多样化阶段，推动品种多样化，引进更多色彩鲜艳、香气浓郁的植物种类。网络化阶段，大力推进连接各大公园、自然保护区、居住区公园的生态廊道建设，使绿色空间网络化。立体绿化阶段，实施城市高空绿化，重点推进城市空间的立体绿化。“花园城市”的建设理念和内涵在新加坡得到不断延伸，绿化建设更加系统，功能性和参与性更强。进入21世纪，新加坡在“花园城市”的基础上进一步完

① 谢新松. 新加坡建设“花园城市”的经验及启示[J]. 东南亚南亚研究，2009年第1期.

善城市绿化和街景景观，强化城市国家的身份特征，通过城市自然生态系统的保护和发展升级“花园城市”，提出建设“花园中的城市”的目标，强调城市与自然完整地融为一体，让“花园”从城市的点缀变为城市的轮廓。“花园中的城市”既服务于吸引全球投资和高端人才、建设全球中心的经济目标；又兼顾为人们提供良好的生活环境和生态关怀，体现了人与自然和谐共生、融合发展的理念。

贵阳作为全国生态文明示范城市，其建设“公园城市”的战略目标，是对我国城市发展模式和发展道路的创新。贵阳以“疏老城，建新城”的城市空间布局调整为契机，在尊重贵阳自然山水环境和气候条件的基础上，依托环城林带、河湖湿地、城市山体等特色资源，因地制宜地构建数量达标、分布均衡、功能完备、品质优良的包括森林公园、湿地公园、城市公园、山体公园、社区公园在内的“五位一体”公园体系，建立城市组团间、组团内的生态廊道，营造生态良好、适宜居住的城市环境，让贵阳成为宜居、宜学、宜商、宜业、宜游的可持续发展的公园城市，实现城市经济发展与生态改善双赢。

贵阳“公园城市”建设不仅限于修建数量繁多的公园，而是通过修建公园绿地来提升城市环境，拉动城市建设与产业发展，寻求生态环境、城市功能、人与自然的和谐统一。[①]从某种意义上看，贵阳建设“公园城市”的发展理念与新加坡建设“花园中的城市”的理念是一致的。

① 从“千园之城”望见幸福贵阳.新闻网，2015 年 2 月 10 日.

借鉴“花园城市”建设经验，推动“公园城市”建设

新加坡的“花园城市”已经成为全球范围内生态城市建设的典范，其在建设过程中的经验对贵阳“公园城市”的建设具有借鉴意义和参考价值。

政府主导，规划先行。新加坡是世界上第一个把建设“花园城市”作为基本国策的国家。早在1965年，新加坡就成立了由总理密切监察的“花园城市行动委员会”，制订和实施相关方案，确保工作的科学性、连续性和严肃性。为确保“花园城市”的建设，新加坡高度重视城市绿色和蓝色规划（相当于我国的城市绿地系统规划）的编制，规划确定了城市绿化带网络化，各类绿地系统“点、线、面”相结合的合理布局。在水环境建设（蓝色规划）方面，新加坡规划修建蓄水池、水处理厂、自然保护区和生态湿地公园等以维护城市的水生态。贵阳在“公园城市”建设过程中，要坚持规划引领，在落实《贵阳建设全国生态文明示范城市规划（2012—2020年）》的基础上，加快编制《贵阳市绿地系统规划》、《贵阳公园城市建设规划》等专项规划，为贵阳“公园城市”建设提供指导。

设定指标，明确标准。新加坡也制定了“花园城市”建设具体指标，明确了建设的标准和依据。比如，在地块开发时，新加坡规定沿地块边界设立3~5米的绿色缓冲区，保证了道路绿化向开发地块的延续。此外，还规定了每千人0.8公顷的园林绿地指标，在每个建

屋局建设的镇区中应该有一个 10 公顷的公园，每个居住区 500 米范围内应该有一个 1.5 公顷的公园，在私人开发项目中每个人应有 0.4 公顷的开放空间等。贵阳在“公园城市”建设方面，明确规定“到 2020 年，建设和提升 1 000 个森林、湿地、城市、山体和社区公园，城市绿化覆盖率达到 50%以上，建成区人均绿地面积 17 平方米”这一标准。从量化上达到“千园之城”，从质化上构建多样化的公园体系，从布局上达到 300 米见绿、500 米见园。①

创新机制，全民参与。新加坡政府在城市环境建设中起到了主导作用，但并非包办一切。作为环境治理的重要一环，政府之外的民众、社区和专家学者的参与和多元协作也扮演了重要的角色。环境关乎城市和国家的发展全局，更关乎当代和后代的生活和生存，政府因此特别重视引导企业、社会和个人以主人翁精神关心和参与环保，从而增强公众的环境保护意识和责任感。贵阳的“公园城市”建设要充分调动市民的参与，加大宣传推广力度，凝聚“公园城市”建设共识。

① 贵阳市推进公园城市体系建设解读. 贵阳日报，2015 年 2 月 1 日.

第二篇　坚持创新驱动：在跨越中后发赶超

第四章　从“火车头”到“动车组”

随着中国高速列车的发展，“要想火车跑得快，全靠车头带”的火车理论开始让位给动车理论。从火车的动力内涵来看，传统的火车是由火车头牵引前行的，这样的火车头驱动能力和速度有限。而进入高铁时代，动车组的每个车厢都带有发动机，所以一个超强动力的发动机才是整列火车快速行驶的关键。发动机比火车头的整体带动性更强。

从贵阳的发展实践来看，作为贵州全省经济社会发展的重要组成部分，贵阳在全省还发挥着传统“火车头”的带动作用，但同时更需要发挥“动车组”的整体助力作用。因此，贵阳要实现角色转变和定位重塑，关键在于从“火车头”到“动车组”的转型升级。只有贵阳这个“火车头”升级到“动车组”，在高铁式“火车头”的引领带动下，贵州全省的后发赶超才能形成“高铁之势”，最终实现“加速度”

和“高效益”的后发赶超。

贵阳的角色

作为贵州省的省会城市、黔中经济区的核心城市，以及全省政治、经济、文化中心，贵阳在全省经济社会发展中的作用举足轻重。贵州省委书记赵克志对贵阳的发展提出了明确的要求，他指出：“贵阳市要当好‘火车头’和‘发动机’，充分发挥辐射带动、榜样示范作用，以自身又好又快发展带动全省又好又快发展，不断缩小省内各市、州与省会城市的差距、不断缩小我省与西部地区和全国的差距，为实现贵州省的‘中国梦’做出更大贡献。”①从字里行间可以看到赵克志对于贵阳发展的重视和嘱托。这种重视和嘱托，在贵阳从“火车头”升级到“动车组”的后发赶超中，已被赋予了不同的时代角色。

变革者：探索生态与发展双赢之路

人类文明源远流长。从农耕文明发端到工业文明出现再到生态文明转型，每一种新的文明形态的出现，都饱含着人类对发展的反思、扬弃与超越。纵观世界近现代史的发展，每一次技术革命都必然推动产业的调整变革、发展模式的转型升级和发展思维的变革。

从全球的发展趋势来看，工业文明带来的科技进步，在为人类创

① 赵克志参加贵阳代表团审议《政府工作报告》. 贵州日报，2013 年 1 月 27 日.

造巨大物质财富的同时，也造成了资源枯竭、环境污染和生态恶化等全球性问题，威胁着人类健康和生命安全。从我国的发展实践来看，改革开放30多年来所取得的巨大发展成就，在很大程度上是以破坏环境和生态为代价的，生态受破坏程度远超经济增长的速度，资源环境已经成为我国实现全面建成小康社会目标最强的约束、最短的短板，生态文明建设摆到了关系人民福祉、关乎民族未来的重要位置。

良好的生态是贵阳最大的优势，加速发展是贵阳最大的任务。作为省会城市，贵阳要引领带动全省后发赶超，可谓使命艰巨、责任重大。受人才、区域、经济发展基础的限制，如何既保护和改善生态环境，又实现经济社会加速发展，这需要发展的勇气，更需要发展的智慧。

从本质上说，建设生态文明是一种生产关系的变革，必定带来生产方式、生活方式、思维方式和价值观念的深刻调整。[①]近年来，贵阳遵循习近平总书记关于“绿水青山就是金山银山”的论述，牢牢守住发展和生态两条底线的指示，坚持生态文明引领经济社会发展的理念，坚决不走“先污染后治理”和逐步工业化的老路，坚持“快转高”并举，加快构建现代产业体系。同时，抢抓新一轮科技革命与产业变革带来的机遇，实施创新驱动发展战略，以大数据为引领，坚实有力地迈出了跨越发展、实现双赢的时代步伐，探索出了一条经济和生态双赢的绿色崛起之路。

---

① 抓好生态文明建设这项政治任务，人民日报，2015年5月6日.

引领者：打造升级版“火车头”和“发动机”

作为贵州全省经济社会发展的“火车头”和“发动机”，只有贵阳这个“火车头”和“发动机”，实现向“动车组”和更强动力“发动机”的转变，才能通过自己的高速前进，为贵州省实现后发赶超提供源源不断的动力。

高铁式“火车头”，引领发展方向和速度。当前，贵州省进入新常态下新机遇和新挑战并存的新时期，坚守生态和发展两条底线，实现后发赶超的任务并没有改变。在新机遇和新挑战并存的发展环境中，贵州省紧跟时代浪潮，把大数据、大健康、大医药作为支撑后发赶超的一个重大战略在全省推进。贵阳要当好全省高铁式“火车头”，关键是在发展方向和速度上加以引领，核心是通过方向更准和速度更快的探索实践，为全省后发赶超进行路径探索和发展示范。近年来，贵阳市抢抓大数据发展的时代机遇，以创建国家大数据产业发展聚集区为目标，在全国率先提出了推进块上数据集聚，实现行业条状数据与城市块状数据的融合发展的战略设想。当前，贵阳正以政府数据开放和市场数据交易为内生动力，以具有比较优势的数据中心和呼叫中心产业为切入点，建设全产业链的大数据产业生态环境。贵阳在大数据发展过程中的先行先试，为贵州省确立大数据推动后发赶超的全新战略提供了方向引导，为兄弟市、州谋划大数据产业发展起了先行示范作用，在贵州省乃至更大区域范围内发挥了主导性作用，很好地承担了高铁式“火车头”的新使命。

战斗机式“发动机”，提升发展质量和效益。“欠发达、欠开放”是贵州省的基本省情，相较先发地区，贵州省有着更加迫切的转型需求和更加强烈的发展愿望。实现发展方式从要素驱动转向创新驱动，通过创新驱动培育无极限的发展加速度，是贵州省是否能在一段时间内实现后发赶超的根本。顺应国内外大环境、立足发展实际需要，贵州省委、省政府明确把创新驱动战略作为后发赶超的战略重点，以此助推贵州省与全国实现同步小康。贵阳要当好全省战斗机式“发动机”，关键在于充分发挥战斗机式“发动机”的作用，着力培育创新发展加速度，引领全省实现更高质量和效益的创新驱动。近年来，贵阳通过推进京筑协同合作，全方位“牵手”中关村，引进支撑发展的技术、人才等核心要素，打造中关村贵阳科技园创新发展平台；通过科技创新培育战略性新兴产业和推动传统产业转型升级，打造千亿级信息产业集群和百亿级企业，带动全省产业结构转型升级，实现产业高端化和效益化。同时，贵阳通过城镇化带动战略的实施，在城市空间、城市规模、城市经济、城市就业、城市服务等方面增强更大的承载功能，发挥更大的“极核”引领作用和辐射带动作用，促进区域经济一体化发展。

示范者：走在西部后发赶超最前沿

反梯度理论表明，后发地区实现反梯度超越必须借助创新，这种创新不仅仅是技术层面的，还必须是思想层面的。大数据带来人们思维方式和价值标准的转变，颠覆了传统意义上的单维评价模式，无限维度带来了评判结果的无限可能。从相对论角度看，由于游戏规则的改变，大数据也在一定程度上让欠发达地区原来的发展劣势变为未来的发展优势，并为欠发达地区赶超发达地区实现跨越式发展提供了可能。

贵阳的后发赶超，不仅要对贵州全省起引领和带动作用，更要在西部地区推广经验发挥模式示范作用。作为中国西部的欠发达省会城市，贵阳与西部大多数省会城市一样，大多保留了较好的生态环境。生态作为西部欠发达地区最大的优势，也是其实现后发赶超最重要的基础条件，如何在经济发展中保护好生态，成为西部地区实现后发赶超的重要抉择。

生态文明是贵阳始终坚持的发展理念，也是当前和未来发展的全球趋势。自 2007 年以来，贵阳把建设生态文明作为贯彻科学发展观的切入点和总抓手，作为总体发展战略。同时，贵阳着力于创新发展与生态发展的完美融合，瞄准大数据，率先行动、主动作为，以创新引领发展，为区域跨越式发展提供了不竭动力。

依托大数据，贵阳全面推进创新驱动战略，主动开放政府掌握的大量真实有效的公共数据，比如交通、教育、旅游、医疗、民政等数据，通过创新应用，提高公共服务水平，推进和倒逼政府从管理型向透明、高效、廉洁的服务型、责任型政府转变，为西部欠发达地区实现后发赶超，探索出了一条以生态文明为引领、以大数据为动力的新路径。

先行者：抢占大数据发展时代先机

“当前，全球进入技术创新与产业革命交替发展的新时代。大数据作为全球生产力、竞争和创新的前沿领域，蕴含广泛的应用价值和巨大的市场机会，将改变新一轮产业格局，促进信息消费和互联网经济发展，带动经济社会的深刻变革。”[①] 在大数据时代，落后者也可以变身领跑者。

作为经济欠发达地区，贵阳虽然经济发展落后，但是贵阳具备大数据发展的天时、地利、人和，并创造性地形成了一整套前瞻的数据理论——块数据，这为贵阳发展大数据抢占到了“头等舱”。

“以2013年9月8日中关村贵阳科技园挂牌成立为起点，贵阳市正式启动大数据发展战略。一年多来，贵阳共引进大数据相关项目150余个，投资总额达1 402亿元。2014年，贵阳全市大数据产业规模达605亿元。”[②] 贵阳奇迹般地在大数据产业方面创造了5个全国“第一”，即：第一个国家大数据产业集聚区，第一个全域公共免费Wi-Fi城市，第一个块上集聚的大数据公共平台，第一个大数据交易中心和第一个大数据战略实验室。2015年5月，贵阳举办了全国第一个以大数据为主题的博览会和峰会，标志着贵阳已经站在了我国乃

① 《中共贵阳市委　贵阳市人民政府关于加快推进大数据产业发展的若干意见》. 贵阳网，2015年1月5日.

② 李朝恒. 贵阳市副市长徐昊就大数据产业解读贵阳发生了什么. 黔中早报，2015年3月4日.

至全球大数据发展的前沿。

后发优势

当前的贵州正处于历史上最好的发展时期。从某种意义上来讲，后发地区既有优势又有劣势。从历史坐标来看，贵州拥有神奇的土地、神秘的文化和神圣的使命。一方秀美的绿水青山和神秘、多彩的文化，既是贵州、贵阳的宝贵财富，也是贵州、贵阳的后发优势，更是其守护责任所在。从优劣势平衡的角度看，贵阳在后发赶超过程中，只有将现有的优势转换成竞争优势才是真正的优势，实现这种转换的关键在于观念超越和前瞻思维。

生态涵养的优势

在后发地区，由于经济发展欠发达、欠开发，生态环境得到了相对较好的保护。“爽爽的贵阳”“天资”过人，生态环境优越，特别是以“六度”为特征的生态气候优势，这是其他城市无可比拟的，加之近年来贵阳着力生态文明建设，生态环境得到了较好的保护和改善，为支撑后发赶超奠定了坚实的发展基础。

一是纬度。贵阳地处东经 106°、北纬 26°，这是全球公认的最宜居的纬度地带，浪漫的夏威夷、秀丽的迈阿密、绚烂的冲绳等世界公认的宜居之地都聚集在这一纬度地带，同时也造就了贵阳的高原自然风光。“作为云贵高原上一颗璀璨的明珠，‘四面青山含黛，三重锦绣楼台，两条绿带环绕，一湾碧水穿城’是林城贵阳的真实写照，在这个清新宜人、适合人类居住的地方，人们时时刻刻都感受着‘林中有城，城中有林’的美妙。”①

二是高度。贵阳平均海拔高度在 1 200 米，最高点为海拔 1 762 米，最低点为海拔 500 米。平均 1 200 米的海拔高度拥有最适合人体健康的气压、最密集的负氧离子和最舒适的温度。从科学角度讲，这一高度最利于人体健康，人不会出现呼吸困难，人体机能也能得到很好的发展。

三是温度。贵阳年平均气温为 14℃ ~16℃，夏季平均气温 22.5℃，冬季平均气温为 6℃ ~8℃。这种环境温度下，人类肌体的新陈代谢、生理机能都处于最佳状态，尤其适合中老年人养生。

四是湿度。贵阳降水充沛，年降雨量 1 112.2 毫米。雨水浸润，使得贵阳空气湿度适中。雨热同季，贵阳夏季的降水量占年降水量的 77.6%，夏季特别是最热月平均气温让人感觉很舒适，这是贵阳荣登“中国十佳避暑旅游城市”榜首的重要原因之一。

五是浓度。贵阳空气质量优良，最大的特点是“一高两低”：一高是负氧离子高，两低是PM2.5（细颗粒物）低和紫外线辐射低。贵阳“山中有城，城中有山，绿带环绕，森林围城”，漫步其中，空气新鲜，头脑清醒，原因就是森林源源不断地输出了高浓度的负氧离子。

---

① 张勇. 解析大数据时代语境下贵阳硬环境优势. 贵阳日报，2014 年 3 月 21 日.

六是风度。贵阳夏季多年来各月平均风速基本在每秒 3 米以下，属微风级别，给人带来的是一种轻风拂面的舒适感，对身体散热、生活出行和生产活动都十分有利，并且很少出现极端大风天气。贵阳地质结构稳定，远离地震带，发生自然灾害的风险小，典型的喀斯特地貌分布广泛，占全市面积的 85%，形成了集峰林、溶沟、峡谷、溶洞为一体的绚丽景观。“2014 年贵阳市森林覆盖率达到 45% ，空气质量达标率为 86%，空气质量优良天数为 314 天。”①

资源要素的优势

经过改革开放 30 多年的快速发展，发达地区过早地耗尽了支撑发展的矿产、土地、能源等发展要素，资源环境成了先发地区逐渐面临的难题所在。由于欠开发、欠发达，贵阳没有赶上改革开放第一轮的大发展，但是保留了支撑后发赶超的生态环境和资源条件，生态气候、土地、能源等要素甚至在新一轮的产业变革中成为不可获取、超乎以往的稀缺优势。

电力资源要素保障是大数据时代产业发展的重要基础，特别是大数据引领的信息产业的基础和命脉，大数据产业中的数据中心耗电量很大，电力是最大的一项成本支出，这已经成为行业共识。当前，国内的数据中心大部分集中在东部沿海地区，这些区域水电资源不足带

---

① 贵阳 2014 年空气质量日历发布，优良天数 314 天. 贵阳日报，2015 年 2 月 2 日.

来的发展瓶颈已逐渐凸显，很多城市都出现“用电荒”，电力资源短缺已成为东部地区发展大数据产业的致命短板。

作为“西电东送”的起源，贵阳电力水火互济，稳定可靠，电力价格具有相对的优势，而发展大数据产业需要电力作为保障，在这方面贵阳具有独特的优势支撑。贵阳水资源丰富、能源价格较低，可为大数据相关产业在贵阳生根发芽、枝繁叶茂提供充足的资源保障。“贵阳水资源总量为 46.79 亿立方米，可开发量为 90 万千瓦，水电站装机容量近 100 万千瓦，是全国十大水电基地之一。”[①]“贵阳的煤炭产量居全国第五，是著名的南方煤都，火电总装机容量 107.5 千瓦，年发电量 24.21 亿千瓦时，电价在全国处于较低水平。”[②]

此外，“20 世纪五六十年代推进的‘三线’建设，使贵阳以 011、061、083 三大军工基地为核心的航空航天电子装备行业快速发展，同时还建成了西南地区最大的电子元器件生产基地，在锂离子电池正极材料，银粉浆料、钯粉等电子浆料和电子级磷化工产品，金属镓等半导体材料和稀土磁性材料等领域已具备很好的产业配套要素条件，也积淀了大量信息技术产业人才”。[③]同时，中国移动、中国电信、中国联通三大运营商数据中心落户贵安新区，该中心建成后将成为国内乃至全球最大的数据聚集地之一，加上花溪大学城、清镇职教城的人才资源优

① 张勇. 解析大数据时代语境下贵阳硬环境优势. 贵阳日报，2014 年 3 月 21 日.

② 张勇. 解析大数据时代语境下贵阳硬环境优势. 贵阳日报，2014 年 3 月 21 日.

③ 贵阳市发展大数据的产业的优势是什么？. 贵阳网，2014 年 3 月 1 日.

势，将为贵阳高新技术和现代制造业发展提供强大的产业要素保障。

政治生态的优势

从木桶理论来看，短板影响着整个木桶的容积。由于自然、历史、地理各方面的原因，贵州省迄今为止仍然是我国西部一个欠发达的省份、全国贫困问题最突出的省份，全国能否实现全面小康，从某种意义上来看，关键在于贵州能否全面实现小康。因此，贵州能否实现后发赶超，关系到我国两个“一百年”的发展大局，贵州在我国发展的象征意义更加重大，其发展程度如何是衡量国家发达程度的一个重要标志。

党中央、国务院高度关注和重视贵州省经济社会发展，特别是习近平、李克强等国家领导人纷纷来到贵州省视察指导，多次对贵州省的发展做出重要的指示。尤其是习近平总书记，他在 2013 年 11 月听取了贵州省工作汇报；2014 年全国“两会”期间，他两次对贵州省的生态建设和经济发展做出重要指示，这凝结了党中央和国务院对于贵州省经济发展和民生改善的关注和关切。这种重视也给贵州省的发展带来了优于其他省份的政治生态环境。

近几年来，贵州省的政策红利叠加释放，政治生态优势逐渐凸显。2012 年 1 月，国务院颁布《国务院关于进一步促进贵州经济社会又好又快发展的若干意见》支持贵州省经济社会发展；2014 年，国家六部委联合下文启动贵州省建设国家生态文明先行示范区。黔中经济区、贵阳市综合保税区纷纷得到国家批准，这种支持力度空前巨大，是非常罕见的。这不仅在很大程度上提升了贵州人的精气神儿，而且大大加快了贵州省经济快速发展。从政治生态来看，这也充分说明支持贵州省实现后发赶超，俨然是按照国家战略的高度来加以推进的。

观念超越的优势

所谓观念超越，其内涵是指经济的发展离不开先期投入，但是投入具有历史性，一旦投入完成，将无法改变其基本格局。社会在进步，先发地区因为格局形成、难以调整而无法跟上社会的发展步伐。后发地区有着时时与时代保持同步的机动权，其发展理念可与时代同步，这样就形成了后发地区的观念优势。

人类发展不完全呈现线性趋势，而是呈现加速发展的态势，发展越早的地区，越会造成来自相对落后的无形磨损，而落后地区却可以通过这种磨损获得更大的后发优势。当今世界，一些国家正是凭借观念的超越，并且充分用好、用活后发优势，实现了快速崛起。比如，芬兰通过电信产业意识到自己的后发优势，迅速成为世界经济强国和最具竞争力的国家之一；韩国以汽车产业和信息产业作为发展优势，摇身一变成为现代化的汽车和信息产业强国。这两个曾经相对落后的国家获得了最强劲的发展，原因在于它们吸收了世界先进理念、吸取了发达国家发展的教训。

贵阳拥有稀缺的生态优势，经济发展属于后发地区，宛如一张白纸，可以描绘最前沿和最美丽的风景。“近年来，贵阳牢牢守住生态和发展两条底线，以平台思维、扁平思维、网络思维和精准思维的大数据思维模式，探索走科技创新引领的可持续发展之路。一定程度上，正是凭借这样的观念超越优势，贵阳深刻吸取先发地区发展的教训，看到了发达地区现今面临的困境，建立起更易于调节矛盾的全新理念和与之相适应的经济格局，既保护了生态环境，又实现了加快发展。”

三十年河东，三十年河西

阿里巴巴集团创始人马云曾说过：“如果全国有三个发展最好的地方的话，贵州省一定是最后一个。如果大家错过了30年前的广东省、浙江省的投资机遇，今天一定不能错过贵州省。”他说的就是当下的改革发展趋势。贵阳是贵州全省优质资源最集中、要素组合最好、吸引吸附能力最强的区域，大数据、“一带一路”、区域合作等时代机遇叠加释放，抢抓时代机遇，用活后发优势，贵阳必将迎来更有活力和张力、更具质量和效益的后发赶超。

“新常态”：新阶段迎来新机遇

当前，中国经济社会进入新常态发展的新时期，经济发展速度开始放缓，从持续的高速增长转向中低速增长，生态和社会等问题逐渐暴露出来。但是，从某种意义上讲，新常态伴随的新挑战中往往也蕴含着新机遇，贵州地处欠发达的西部地区，凭借自身良好的生态气候环境，以及多年坚持生态文明发展理念的先行先试，在新一轮新常态的新变局中，能够很快适应新常态、迎接新挑战，并抢抓新机遇。

“新常态的重要特征之一是‘优结构’，区域结构调整是‘优结构’的核心内容之一。”①贵州作为全国典型的欠发达地区、重要生态屏障区、扶贫开发示范区，在分享中央“优结构”政策倾斜上具有先天的政治优待和政策扶持的优势。同时，新常态将带来析出资本寻找投资机会的机遇。新常态将迎来一次巨大的产业结构调整，劳动密集型产业、重化工业的撤退，必将析出海量富余资本，这些富余资本需要寻求新的投资机会，这将使贵州的招商引资有更多的回旋余地。

在全国各地日渐突出的环境问题集中爆发时，贵州凭借多年来的生态文明建设和生态环境保护，相对来说，“风景这边独好”。新常态经济演绎的未来趋势是，战略性新兴产业必将成为主角，并对生态环境的要求大大提升，这意味着在新一轮产业竞争中，贵州凭借生态优势将占据更有利的高地。同时，新常态还将带来机会成本相对较低的机遇。“新一轮产业结构大调整，需要多产业结构进行转型升级，也就是东部地区的‘腾笼换鸟’，贵州由于欠发达欠开发，要腾的‘笼’相对较少，也就是说虽然也像全国一样处于结构调整阵痛期，但贵州、贵阳所经历的阵痛会相对较轻。”②

①② 邓献辉. 经济发展新常态下贵州的机遇与挑战. 贵州日报，2014 年 10 月 23 日.

“一带一路”：新战略谋求新机遇

“一带一路”战略的实施，不仅涉及我国与沿途国家、周边国家的全方位合作，也涉及国内相关区域的合作交流。对于贵州来说，虽未纳入“一带一路”范围内，但是区位战略条件和日渐崛起的陆、海、空大交通网络体系，将为贵州参与“一带一路”带来的区域竞争、产业分工、对外贸易、能源发展格局的转变提供实现后发赶超的新机遇。

当前，全球已经进入协同创新的时代，区域合作将为地方发展输入更强的动力和能量。“从贵州省的区位战略地位来看，贵州省地处西南地区南下出海大通道交通枢纽的位置，向北可经过重庆、成都连接欧亚大陆桥，直接融入新丝绸之路经济带；向南可通过高速铁路和高速公路连接广东、广西等地，融入21世纪海上丝绸之路。”[①]随着贵州迈入高铁时代，贵广、沪昆、渝黔、成贵高速铁路的陆续建成，贵阳米字型高铁网络向南可以延伸到北部湾、珠三角经济区，向东可以延伸到长株潭、长三角等城市经济圈，向西包括滇中经济区，向北包括成渝、关中、中原、环渤海经济区，这将为贵阳接轨“一带一路”陆海起点和参与“一带一路”更大范围内的战略机遇分享提供可能。

同时，贵阳航空条件和水运短板正在快速改善。2013年，贵阳机场T2航站楼顺利建成投入运营，大幅提高了运输保障能力，旅客吞吐量历史性地突破了1 000万人次，跻身国内大型繁荣机场行列。

---

① 崔靖芳. 贵州省政协主席：贵州要赶搭“一带一路”班车. 凤凰网民生周刊，2015年3月16日.

随着贵州航空港经济区和综合保税区在贵阳建立，以及贵州省水运三年会战的战略实施，开阳港和北海贵阳港的建设，贵阳将实现通江达海的可能，通过航空港经济区承接国际产业合作，打造连接海内外的空中丝绸之路，凭借两大海陆港口对接长江经济带和海上丝绸之路，完全可以将规划中不存在的机遇转变为实实在在的发展机遇，打造贵阳内陆型经济开放高地，为“一带一路”建设提供战略支撑。

大数据：新时代富含新机遇

《华尔街日报》将大数据时代、智能化生产和无线网络革命称为引领未来繁荣的三大技术变革。麦肯锡公司的报告指出，数据是一种生产资料，大数据是下一个创新、竞争、生产力提高的前沿。世界经济论坛的报告认定大数据为新财富，价值堪比石油。[①]因此，发达国家纷纷将开发利用大数据作为夺取新一轮竞争制高点的重要抓手。

作为全球竞相发展的战略性新兴产业，大数据产业蕴含着广阔的应用价值和巨大的市场机遇，将改变新一轮产业竞争格局，推动经济社会深刻变革。贵阳虽然地处西部欠发达地区，经济发展水平总体上还比较落后，高新技术产业和信息产业发展的底子还很薄，按理说不具备发展大数据这样的时代前沿产业的能力。但是，在大数据时代，由于思维模式将被彻底改变，不论是东部发达地区，还是中西部欠发达地区，都处在同一起跑线上，谁敢于创新，谁就是赢家。

① 邬贺铨. 大数据时代的机遇与挑战. 求是，2013 年 4 月.

大数据给贵阳带来前所未有的甚至是不可复制的重大历史机遇。目前，贵阳在大数据顶层设计上率先作为，制订了《贵阳大数据产业行动计划》。2014 年 4 月，贵阳被中国数据中心产业发展联盟评为“最适合投资数据中心的城市”。同年 12 月，贵阳被国家工业和信息化部定为全国首个国家级大数据产业集聚区。随着智慧城市建设的不断推进，特别是“701 项目”①、贵阳国际大数据产业博览会等顺利推进，大数据、呼叫中心等产业在贵阳从无到有、从弱到强、从落后到领先，为贵阳下一轮大发展打下了坚实基础，贵阳在大数据发展中的敢想敢干、敢拼敢闯，已经赢得了全球的关注。

区域合作：新趋势带来新机遇

当前，区域合作进入了一个全新的时代。随着中国全方位对外开放步伐的加快，以及西部大开发战略的实施，东西部地区、沿海与内陆地区之间的交流与合作，将成为未来发展的新趋势，最终将成为先发地区与后发地区间的融合发展。

先发地区与贵阳在自然资源禀赋、区位条件、生产要素条件、社会条件等方面各有优劣。先发地区在自然资源方面相对处于劣势，但在人才、技术、信息、管理等社会资源以及工业基础、资金等方面具有相对的优势；贵阳在自然资源方面具有相对优势，但在无形资源方面却处于

① “701 项目”是指贵阳全城公共免费 WI-FI 城市与贵阳城市云计算机中心和大数据总线项目，是全球首个具有国际化先进水平的无线全覆盖城市项目。

相对劣势。正是这种差异性和互补性的客观存在，为先发地区和贵阳跨区域合作，开展经济联合，实现优势互补，形成融合发展，提供了可能。

当前，随着贵州被纳入长江经济带建设，以及连接长三角、珠三角高铁网络的形成，贵阳经济结构调整和生产力合理布局的新趋势日益明显，在很大程度上将打破区域发展不平衡的状况，促进贵阳与先发地区实现更大范围的跨区域合作。特别是随着京筑协同合作的深入推进，明天的贵阳一定会成为投资的沃土、创新创业的乐园。

从“高速度”到“加速度”

大数据时代是一个竞争时代，身处这样一个极具颠覆性的发展时代，贵阳要实现经济社会发展的后发崛起甚至是领跑，需要的不是经济增长的“高速度”，而是要无限驱动的“加速度”。与先发地区相比，贵阳要实现“加速度”的超越，就要做“箭在弦上”的火箭，虽然发射的瞬间速度为零，但具有无限的“加速度”。这样与先发地区目前赛车般的匀速领跑相比，贵阳才有戏，才能依托“加速度”缩小差距，甚至最终实现超越。

在以大数据为引领的技术创新与产业革命时代，传统的竞争规则被彻底打破，在新竞争规则中，支撑贵阳后发赶超的“加速度”只能是以科技引领的创新驱动。而决定能否实现创新驱动的关键在于是否具备创新的发展理念、创新的发展思路和创新的发展模式。

先进的发展理念

牢固树立生态文明发展理念。在人类文明的历史长河中，从农业文明进入工业文明无疑是一个巨大的进步。工业文明在为人类带来巨大物质财富的同时，能源危机、环境污染、生态破坏、气候变暖等一系列问题相伴而来，危及人类的生存和发展。破解这些难题，需要人类确立新的生态发展观，构建生态文明引领的可持续发展理念。

贵阳要实现经济社会的后发赶超，首先要解决发展理念的问题，只有先进的发展理念，才能指导贵阳培育更强劲的发展“加速度”，才能形成后发赶超的和合驱动力。这个先进的理念，即生态文明的发展理念。长期以来，不惜以牺牲生态环境为代价追求GDP快速增长的传统发展理念，是导致环境危机和发展不可持续的重要根源。实践证明，要实现可持续发展，特别是生态文明的绿色发展，首先要摒弃“先污染后治理”的落后发展观念，代之以生态文明的可持续发展理念，才能为后发赶超坚守基础。

近年来，贵阳在推动生态文明建设中，立足生态优势就是发展优势的理念，确立了生态文明引领经济社会发展的理念，明确提出：不盲目走“先污染后治理”的老路，不跟着发达地区走逐步工业化的弯路，要着力探索一条经济发展和生态改善双赢的可持续发展之路。从目前的发展实际来看，贵阳双赢之路的探索虽然还未凸显出后发赶超的效果，但是在生态文明发展理念成为全球共识、生态文明建设上升至国家战略的今天，贵阳的生态探索和实践，无疑是走在时代前列的，只要坚守住生态和发展两条底线，贵阳就具备后发赶超的基础和条件。

坚持生态文明与创新驱动相融合。面对“欠发达、欠开放”的发展现状，贵阳有着迫切的转型需求和更加强烈的发展愿望。在顺应国内外大环境、立足发展实际的方针指导下，贵阳明确把创新驱动战略作为后发赶超的战略重点，以此助推后发赶超。可以说，贵阳抓住了加快实现生态和发展双赢的“牛鼻子”，为新常态下推进生态文明建设，实现后发赶超，找到了一个关键性的着力点和动力源。

作为西部欠发达、欠开发的省会城市，贵阳长期处于产业链前端和价值链低端，经济发展中存在严重的同质化、同构化弊端，发展不快、发展不协调是现阶段面临的主要矛盾。贵阳要承担好带动全省的角色定位和实现自身绿色崛起，需要培育源源不断的发展“加速度”，核心就是要以创新驱动发展，用科技创新激活发展动力。

在这一背景下，贵阳坚持生态文明与创新驱动融合的发展理念就变得极为重要。通过实施创新驱动发展战略，贵阳以科技创新为引领、实体经济为支撑、改革开放为动力、生态保护为底线、城市转型为重点，奋力打造贵阳发展升级版。这一战略升级，是在继承原有发展的总体思路、重大举措的基础上，与时俱进地予以完善、优化和提升，实现发展思路的“换挡”升级。

拥抱大数据，探索双赢之路。大数据将是下一个社会发展阶段的石油和金矿。这样的判断已在全球范围内达成了前所未有的共识。全球发达国家多已充分认识到大数据时代的发展趋势。发展大数据，可以说是人类文明发展和全球文明进程的必然趋势。站在大数据时代的风口，贵阳结合自身优势和发展实际，形成了发展大数据的先进理念。

作为一个创新战略，大数据可以说是新的科技革命和新的产业革命交叉融合的引爆器。从贵阳的实际发展情况来看，发展大数据还是坚持两条底线、探索双赢之路的战略选择，是发挥后发优势实现后发赶超的创新路径，是认识新常态、适应新常态、引领新常态的思维变革。在这个新时代，贵州抢抓时代先机，在发展大数据的问题上首先实现了理念对接，在这股势头的带动下促进大数据平台建设，推动贵阳成为全国乃至全球的“数谷”。

科学的发展思路

培育科技创新绿色新引擎。“科技是引领贵阳经济社会发展最强大的绿色引擎，也是基于生态文明发展的现实选择。科技是贵阳强盛之基，也是推动和实现贵阳产业结构变革的主要动力，更是贵阳创新升级的支柱力量。”[①]

科技创新，就像是撬动贵阳发展升级的强大杠杆，将实现发展方式从主要依靠要素驱动转变为主要依靠创新驱动，变“铺大摊子”的粗放式增长为创新引领的集约式增长，从而实现经济发展方式从规模速度型粗放增长转向质量效率型集约增长，在科技因子的输入中驱动

① 吴桂华. 紧紧扭住创新贵阳升级版的战略重点. 光明日报，2015 年 1 月 26 日.

发展“加速度”，实现高质量和效益的后发赶超目标。2015 年，贵阳秉持这一发展理念，以健全中关村贵阳科技园区域创新体系、构建以大数据为引领的现代产业体系、大力实施“十百千”计划和贵阳特色的智慧城市建设四个方面为突破口，全力打造贵阳创新升级版。

培育资源要素绿色新平台。作为一个创新驱动的发展平台、发展模式、发展战略，中关村在全国极具辐射带动作用。贵阳“牵手”中关村，共建中关村贵阳科技园，搭起了贵阳与北京两地长期互动的交流平台，中关村“科技因子”的注入，成为贵阳传统产业提挡升级的“新引擎”。同时，贵阳牵手中关村，引进中关村的科技资源，学习中关村的创新模式，扎扎实实地做好科技创新的基础性工作，引来人才、留住人才，进而把这些人才和当地人才进行混合编配发展，形成在贵阳推动科技创新的核心动力。

平台对接是贵阳牵手中关村的重大举措，中关村将为贵阳在创新科技政策、创新科技人才引进方式、创新科技与市场结合方式、创新科技金融支持、创新科技资源整合方式等多方面提供创新发展平台。借助这个难得的创新机遇，贵阳充分利用中关村这个开放平台，实现与北京的科技资源同城共享，打造各种承接、交流合作和创新平台，建成对外开放的重要窗口、招商引资的重要平台和科技创新的重要基地，构建开放带动创新格局，实现发展“加速度”能量和动力的最大蓄积，必将驱动贵阳更高层次的创新发展。

创新的发展模式

加快创新资源的引进和培育、招商引资精细化的引进和培育、创新性人才的引进和培育，是贵阳实现创新发展的着力点和支点。2013年以来，贵阳在科技创新引领创新驱动发展中励精图治，经过不断探索，最终形成了一系列支撑发展“加速度”的创新模式。

在科技资源方面，采取跨区域整合与共享的模式。贵阳后发赶超的本质是以全球视野、开放合作来谋划创新、推动创新的，其中跨区域的科技资源整合与共享是根本，载体就是中关村贵阳科技园。通过这一载体，贵阳打造了六大创新平台，真正获得和培育了科技资源的内生型造血功能。

贵阳与北京市科委共同搭建了首都科技条件平台贵阳合作站和北京技术市场贵阳服务平台，“一站一台”加大了科技要素的聚集和整合力度，在贵阳实现了科技资源京筑共享。同时，贵阳市政府与中国科学院软件研究所共同组建了中科院软件研究所贵阳分部和贵阳信息技术研究院，“一部一院”推动了贵阳对科技、人才、信息等要素的整合，实现了科技研发的“合作互动”。

此外，贵阳通过打造“一室一联”，实现了企业创新的“转化对接”。“一室一联”即大数据产业技术联盟和大数据战略重点实验室。大数据产业技术联盟重点将联合全球大数据企业、教育机构和研究机构，创新政企互动模式，形成共生共荣的大数据产业链。大数据战略重点实验室作为我国第一个关于大数据战略的重点实验室。将为贵州省、贵阳大数据战略的实施搭建一个专业性、国际化、开放型的研究合作平台，为大数据产业提供人才、技术和智力支撑。

在招商引资方面，采取精准化引进与培育的模式。招商引资是当前贵阳市加快发展、实现后发赶超、优化区域经济资源配置和加速产业结构调整升级的一个重要途径。但在贵阳，招商引资方式正在发生重大改变，已经告别传统的项目引进和投资驱动。贵阳当前招商引资最核心的理念是发挥“块状经济”优势，进一步增强产业配套能力。

中关村贵阳科技园在招商引资选择上做出了科学合理的定位，划出招商引资的重点区域，通过科学谋划、精心包装，致力于打造一批规模大、质量高、产业链长、产业幅宽、带动力强的好项目。贵阳把招商引资和拓宽渠道、利用外资当作重要措施来进行统筹考虑，逐步加强与海内外投资促进机构、经贸合作服务机构、华侨华人团体等国际性机构的交流与合作。同时，加速引进产业龙头企业、产业链高端项目、产业配套项目等，着力加强自身造血功能，通过“科技因子”激活区域内部不同创新主体的创新活力，完善自身创新创业环境。

在人才资源方面，采取超常规引入与利用的模式。人才是贵阳经济社会发展的短板，人才对贵阳的发展至关重要。创新驱动的本质就是人才驱动。对于已经站在大数据风口上的贵阳来说，超常规地引进人才、利用人才、培养人才，不仅是通过人才驱动后发赶超的关键，更是一项具有战略意义的创新举措。

贵阳致力于人才资源的超常规引进与利用。在人才资源引进和利用当中，贵阳遵循“三个凡是，三个全力”的原则，人才政策坚持能宽则宽、全面倾斜，即对待人才引进，凡是国内其他省会（首府）城市、省内其他市（州）能够提供的优惠条件，都全力提供；凡是符合贵阳产业发展需要的、达到相关要求的人才，都全力引进；凡是通过筛选满足条件的、选择留在贵阳的、为贵阳发展做出贡献的人才，都全力让其发挥作用。

同时，贵阳还着力提升服务质量，健全人才发展的保障体系，建立了贵阳国际人才城，搭建集公共服务、创业孵化、科技金融、成果展示、活动交流等为一体的人才发展综合体，打造全省乃至全国人才工作的新地标。此外，贵阳还建立起大数据产业人才柔性流动机制。通过坚持固定与流动、专职与兼职相结合的人才使用模式，着力于创新育才，构建应用型人才的多元培养模式。

在协同创新中后发赶超

全球化时代是一个协同创新的时代。协同创新以开放为前提，以合作为路径，以创新为内涵，以优势共享、互利共赢为目标。在全球协同创新的今天，技术、资本、人才等发展要素在全世界范围自由流动、自由配置，这无疑能给短板带来“变长”的机遇，给后发地区发展注入新动力。

优势互补引领区域协同创新

以区域协同创新推进区域一体化发展，有助于重组和优化区域内资源配置，实现优势互补，并以系统化的方式全面统筹和推动区域创新驱动发展，形成区域内新的战略性增长极，提高区域综合竞争力。

作为贵州省“火车头”、“发动机”，贵阳必须是贵州省区域协同创新的引领者。通过协同贵安共创大数据产业发展集聚区、协同黔南共建双龙航空港经济区、协同引领州市共建黔中经济区，贵阳与省内其他地区构建了一个区域协同创新的新格局，以此发挥协同效应，带动贵州省创新驱动发展，实现后发赶超。

协同贵安共创大数据产业发展集聚区。贵阳乃至贵州的后发赶超，关键在于转换发展的动力，即由过去的要素驱动、投资拉动转向创新驱动。联合国家级新区——贵阳·贵安新区，充分发挥中国电信、中国联通、中国移动三大数据中心落户贵安所带来的信息数据分析优势，共创大数据产业发展集聚区，是贵阳推动大数据发展战略，实现后发赶超“加速度”过程中浓墨重彩的一笔。2015 年 2 月，首个国家级大数据发展集聚区——贵阳·贵安大数据产业发展集聚区创建工作获得国家工信部批准。贵阳和贵安新区抓住大数据变革机遇，强化区域协同创新，共同为贵州的转型升级注入创新动力。按照国家战略部署要求，贵阳·贵安新区以创建国家大数据产业发展集聚区为目标，以六大工程为重要抓手，着力将新区建设成为全球首个大数据资源块上集聚区、全国大数据产业发达地区和全球重要的大数据交易中心。

协同黔南共建双龙航空港经济区。创新是开放的创新。创新需要开放的环境，促进要素流动与合理配置，激发创新活力。“贵州省双龙航空港地处贵阳市与黔南州的结合部，是黔中经济区的重要板块，是中关村贵阳科技园的关键一核，是两地协同发展的重要平台。”[①]协同黔南州共同打造双龙临空港经济区，可以为贵阳对外开放构筑外向型的领空经济新平台。建设好双龙临空港，努力创建国家级航空港综合实验区，不仅是贵阳与黔南发展的需要，更是贵州以开放带动创新和以开放带动发展的需要。以此为契机，贵阳市与黔南州打破行政区划限制，发挥各自优势，取长补短，建立健全全方位、立体化的合作，协同推进开放创新，努力形成以航空港经济区的发展辐射带动周边区域发展的良好态势。

协同引领州市共建黔中经济区。经济区是一个高度协同的创新体，是我国经济发展重要的地域性生产综合体，是区域协同创新的重要载体，是培育战略性增长极的关键所在。黔中经济区不仅是贵州工业化带动和城镇化核心区，也是全国主体功能区规划确定的重点开发区、国家实施新一轮西部大开发的重点经济区、支持全国经济增长的重要支撑点。贵阳作为黔中经济区的重要核心，按照“一核三带多中心”的空间开发格局，重点协同安顺市，统筹推进经济一体化发展，建设贵安新区，打造大贵阳经济圈，形成“一核”；同时，沿交通干线，贵阳要着

---

① 贵阳黔南围绕龙洞堡机场做起临空经济大文章．贵州商报，2014 年 1 月 19 日．

力与周边重要城市协同发展，形成三大经济带——贵阳—遵义经济带，贵阳—都匀、凯里经济带和贵阳—毕节经济带；通过协同创新带动发展，把黔中经济区打造成为辐射带动周边地区发展的经济增长极。

改革开放带动国内协同创新

在经济步入新常态的形势下，全国都面临着转变经济方式、调整产业结构的挑战，贵阳要实现后发赶超，不能封闭在贵州范围内，要主动在全国进行协同合作，充分发挥新常态政策倾斜和资本析出的机遇，抢抓“一带一路”国家战略和建设长江经济带的机遇，主动瞄准创新要素集聚、创新人才富集的东部沿海发达地区，充分发挥生态优势，进行全国性、跨区域的协同创新，通过要素流动和配置，实现更高质量和效益、更大范围和深度的双赢合作。

全方位推动京筑合作。贵阳的欠发达与欠开放有着必然的联系。通过京筑合作，形成开放带动机制，贵阳打开了协同创新发展的新局面。由于贵阳自身并不具备创新要素和经验，如今能借着大数据产业乘风而上，其中的关键一步是抓住了京筑合作的重要机遇，打造中关村贵阳科技园，引进中关村的创新要素、创新模式、创新机制，激发自身的创新活力，让大数据“生根发芽”。此外，贵阳还在教育、医疗、社会治理等多个领域强化京筑互动，全方位对接北京的优势资源和发展经验，以区域合作和协同创新的方式着力改善贵阳的城市管理和民生服务，推动贵阳各个领域的发展升级。

主动融入三大经济圈。新常态下，转变生产发展方式、调整产业结构对各个地区来说，显得更为迫切和必要。贵阳通过协同创新，在全国范围内促进要素的合理流动和优化配置，有助于东西部优势互补，实现最优发展。随着贵广、沪昆、渝黔、成贵高速铁路的逐步建成，贵阳、贵州将快速融入全国主要经济区 2~7 小时经济圈——向南包括北部湾、珠三角经济区，向东包括长株潭、长三角等城市经济圈，向西包括滇中经济区，向北包括成渝、关中、中原、环渤海经济区。东南部沿海城市经过 30 多年的开放，一方面积累了丰富的发展经验和资源，另一方面也面临着人口、资源红利逐渐消失的困境。而身处西部资源丰富的贵阳，通过协同各大经济区创新发展，特别是珠三角经济区以及长江经济带上的长株潭、长三角经济区，无疑能在带动自身对外开放的同时，实现资源互补，将自身的生态文明体系与其自主创新体系对接，优化区域发展的要素配置，形成互利共赢的发展格局。

主动融入参与全球协同创新

在全球化的今天，协同创新不再局限于一个地区和一个国家之内。为了应对竞争和挑战，世界各国都在尝试打破资源壁垒，促进产学研等创新资源的深度融合。[①]

在此基础上，协同创新作为一种全新的组织模式、一种开放的创

---

① 蔡坚，杜兰英. 协同创新：助推产业转型升级的着力点. 光明日报，2013 年 5 月 18 日.

新模式，对于加快不同领域、不同行业以及创新链各环节之间的技术融合与扩散来说尤为重要。作为欠发达地区的贵阳，通过全球范围内的协同创新发展，强化区域合作以及配置全球创新资源的能力，是未来的方向，更是实现经济后发赶超的关键。

全球协同创新关键在于理念对接。创新的发展，源于创新的理念。贵阳在发展理念上，着力借鉴了印度的班加罗尔。班加罗尔是印度IT（信息技术）产业的中心，有“印度硅谷”的美誉。四季宜人的自然环境、扎实的教育基础和优越的政策保障，让班加罗尔借助发展信息技术产业迅速崛起，成为“世界办公室”——承接全球范围的软件外包业务最多的地方，并造就了Infosys 、Wipro等市值超过300亿美元的大型IT企业。无独有偶，同样有着良好的自然环境、优厚的发展政策的贵阳正在发展以大数据为引领的高新技术产业。因此，印度班加罗尔的发展理念与经验，无疑对贵阳有着重要的借鉴和启示意义。2014年11月，贵阳与班加罗尔就共建“姐妹城市”友好关系、加强交流合作初步达成了共识，由此拉开了贵阳与班加罗尔跨国对接理念、协同创新发展的序幕。

全球协同创新重点在于产业协作。善借外脑、协同创新是贵阳绿色崛起的重要策略。贵阳擅长从与自身自然条件类似的地区发掘其发展的重要经验加以借鉴与运用，并以真正的产业合作探索契合自身发展的路径。以与瑞士的合作为例。贵州与瑞士都是山地地区，平均海拔在1 100~1 400米，贵州的山地比例约为92.5%，瑞士的则大于75%。贵州与瑞士均有丰富的生态文化旅游资源：瑞士享有“世界花园”之美誉，是全球游客向往的目的地；而贵州有“公园省”之称，是海内外游客休闲度假的理想目的地。基于自然条件、产业发展等方面的极高相似度，近年来在中瑞两国携手迈向务实合作新未来的大格局下，贵州和瑞士的交流合作正逐步走向深入。依托贵安新区中瑞产业园、贵阳综合保税区“中瑞自由贸易协定”产业落地示范园等开放平台，贵阳正密切加强与瑞士相关企业在环境科技、山地旅游、信息技术、医药化工、精密仪器、高端装备制造、会展物流、山地农业等产业方面的经贸合作交流，促成更多瑞士知名企业到贵州洽谈投资、创业发展。

全球协同创新载体是国际交流平台。在积极对接有先进发展经验的地区之外，贵阳还着力打造生态文明贵阳国际论坛与大数据博览会两大国际交流平台，集聚全球生态文明与大数据领域的官、媒、产、学、研重要人士，共享全球发展经验，积极通过打造平台推动全球化的协同创新。已经连续举办 6 年的生态文明贵阳国际论坛，是我国目前唯一以生态文明为主题的国际性论坛。贵阳以该论坛为平台，全球范围内共同探讨生态文明的发展理念，形成《贵阳共识》，并切实推动了贵州对外交流与项目的合作。2015 年 5 月召开的贵阳大数据博览会，在大数据领域打造了全新的国际交流平台，通过集聚阿里巴巴、联想、谷歌、惠普、微软、富士康、华为等全球知名企业和大数据领域的专家、学者，共同探讨并有力推动了大数据产业的发展。

第五章　从“四位一体”到“四轮驱动”

后发赶超的关键是坚持创新驱动。西部欠发达省会城市如何实现创新驱动？贵阳以牵手中关村，构建区域创新平台，形成科技创新“四位一体”，打造“四轮驱动”新格局，为贵阳市实施创新驱动战略打开了新局面。

牵手中关村

牵手中关村，是贵阳乃至贵州以区域协同创新、带动经济社会发展的重要里程碑。以京筑合作为契机，贵阳借中关村之力，启动创新驱动的绿色引擎，成功实现创新驱动发展与生态文明建设的高位对接。

"绿色引擎"驱动发展模式转型

新常态下推进生态文明建设，需要转换增长动力，以创新驱动作为绿色引擎，实现绿色化发展。贵阳作为西部欠发达省会城市，通过牵手中关村，探索出了一条生态文明建设与创新驱动发展有机结合的转型升级之路。

建设生态文明需要绿色引擎。生态文明建设是人类文明发展的新阶段。新阶段需要新动力，新动力需要新变革。生态文明不仅仅是保护生态环境，更是一场彻底的绿色变革，将生态文明的理念融入经济、政治、文化、社会发展的各个方面。其中，科技创新发挥着支持和引领绿色化发展的关键作用，是生态文明建设的绿色引擎。2007年以来，拥有良好自然生态环境的贵阳率先提出建设全国生态文明城市，探索一条经济发展与生态保护双赢的可持续发展之路。但是，贵阳在建设生态文明的实践中，仍面临着"总体经济实力仍然不强；生产方式粗放，能源资源利用效率不高，产业结构不合理；人才匮乏，自主创新能力不强"等问题，所以既要摒弃透支自然资源、破坏生态环境的传统老路，保护好"爽爽的贵阳"，同时，又要促进经济发展与改善民生。因此，贵阳迫切需要启动发展新引擎，为可持续发展提供绿色动力。

中国科技创新的"超级明星"。20世纪80年代初，"中关村电子一条街"颇负盛名，如今中关村国家自主创新示范区，是中国科技创新的“超级明星”。经过 20 多年的发展历程，中关村逐渐成为创新要素的集聚平台、战略性新兴产业的策源地，并向全国辐射科技创新的动力，刷新了科技创新对中国的意义。

截至 2013 年年底，中关村共聚集了 206 所国家及省（市）级科研院所，共有国家级重点实验室 112 个；拥有科技活动人员近 50 万人，每千名从业人员中从事科技活动的人为 263.3 人；企业科技活动经费支出高达 1 319.8 亿元，经费超亿元的企业达 172 家。截至 2014 年，中关村聚集了两万多家科技企业，其中，上市公司总数达到 254 家，总市值达到 30 804 亿元，在国内创业板上市公司数量和融资额上均排名全国第一。

在集聚创新要素的基础上，中关村通过依托科技智力优势，深入推进新兴科技和新兴产业深度融合，在国家确定的“节能环保、新兴信息产业、生物产业”等新七大领域，取得了一批关键核心技术的突破，形成了八大战略性新兴产业集群，充分发挥了中关村作为战略性新兴产业策源地的示范引领作用。

如果仅仅如此，中关村不过是中关村。事实上，中关村更重要的意义在于通过技术交易、异地转化、产业链分工等多种形式向全国输出创新成果，以点带面为全国性的创新注入新鲜血液。

两个“全国示范”的高位对接。中关村是“国家自主创新示范区”，贵阳是“全国生态文明示范城市”。贵阳牵手中关村，是两个“全国示范”的高位对接，是创新驱动发展与生态文明建设的高位对接，是贵阳借力出海的战略决策。

中关村拥有的丰富创新要素、科技创新经验和辐射带动能力，将为贵阳建设全国生态文明示范城市注入新鲜血液，从而促进贵阳“造血”功能自主创新，形成创新驱动的内生动力，从根本上推动贵阳转型升级发展和生态文明建设。

因此，贵阳牵手中关村，不仅仅是引进园区、项目，更要着重学习中关村的创新模式，引进中关村的投融资机制，并在科技创新人才的引进与培养方面下功夫，构筑贵阳科技创新的内生动力。

借力中关村，创新成贵阳“新常态”

牵手中关村以来，贵阳通过借鉴中关村的发展经验，先行突破顶层设计，并在搭建平台、聚集创新要素的基础上，移植中关村的“造血”模式，促进科技创新落地贵阳，渐成贵阳“新常态”。

定战略，谋突破。创新驱动发展，需要全面、系统、连续的指导与推动。贵阳牵手中关村，首先借鉴了中关村科学合理的顶层设计，通过出台《贵阳市产业布局规划（2013—2020年）》、《中关村贵阳科技园空间布局规划》、《关于中关村贵阳科技园建设和发展的意见》、《贵阳市产业发展指导目录》等一系列规划及政策，系统谋划中关村贵阳科技园的发展和布局，并以此推进贵阳产业发展升级与发展定位优化。

目前，中关村贵阳科技园已形成“一城（科技创新城）两带（北部高新技术产业实体经济带、南部现代制造业实体经济带）六核（高新技术产业引领区、现代制造业聚集区、科技金融区、协同创新区、双龙航空港经济区、贵阳综合保税区）”的空间布局。结合现有产业发展基础，贵阳充分利用中关村的科技创新优势资源，加快构建以高新技术产业为主导、生产性服务业为主体、现代制造业为支撑的现代产业体系。①

在此基础上，贵阳将建设成为中关村科技资源辐射带动的重要城市，全国生态文明建设与自主创新相互促进、相得益彰的典范，以及具有较强影响力和辐射力的西部地区高新技术产业和现代制造业重要基地。②

搭平台，聚要素。创新驱动需要创新要素。在自身缺乏创新要素的情况下，贵阳牵手中关村，搭建京筑互动平台，实现资源共享，为贵阳启动发展新引擎注入科技创新“血液”。

2013 年 9 月 8 日，北京 · 贵阳创新驱动区域合作系列活动举行。贵阳市政府与中关村管委会签署战略合作协议，中关村贵阳科技园正式揭牌。以中关村贵阳科技园为载体，通过构建“一站一台”、“一部一院”等平台以及京筑互动系列活动，中关村为贵阳聚集了创新所需的科技、人才、资金等多方面要素，促进产学研一体化，并为贵阳引

① 贵阳市工业和信息化委员会. 中关村贵阳科技园空间布局规划. 2014 年 1 月 5 日.

② 贵阳市工业和信息化委员会. 中关村贵阳科技园空间布局规划，2014 年 1 月 5 日.

进了一批重要项目和现代产业，助力贵阳以科技创新实现转型升级。

先输血，后造血。授人以鱼不如授人以渔。输血固然可以暂时救命，但要生命成长仍需自我“造血”。贵阳牵手中关村，在借鉴其经验和建构发展框架、注入发展要素之后，更为重要的是学习其“造血”模式。

“造血”的关键是让要素活跃起来，鼓励创新的环境、培育创新的孵化器、完善的科技服务等都在促进“造血”方面发挥着重要作用。目前，贵阳投资 3 000 余万元，已建成 1.5 万平方米的科技企业专业孵化器。[①]此外，通过创新科技服务，为企业提供异地化落地服务，贵阳着力为科技型小微企业降低创业成本，促进其在优质的创业环境和服务中自我“造血”和成长壮大。

京筑合作：探索新路径、新模式、新变革

通过京筑合作，贵阳探索了以创新驱动作为绿色动力推动转型升级发展的新路径，以区域协同创新驱动跨越发展的新模式，以科技创新推动全面创新的新变革，为适应新常态提供了新经验。

以创新驱动推动绿色转型的新路径。当前，我国经济发展步入新常态时期，经济增长速度放缓，更加注重产业结构调整与经济发展的质量。2015 年陆续出台的《关于深化体制机制改革加快实施创新驱动发展战略的若干意见》、《关于加快推进生态文明建

① 搭建平台聚资源　营造氛围促创新. 贵阳日报，2014 年 9 月 19 日.

设的意见》，为新常态下的经济发展指明了方向，即创新发展与绿色发展。

贵阳牵手中关村的实践表明，走绿色发展之路必须要依靠科技创新，唯有科技创新能为绿色发展带来更为广阔的空间。通过从依靠人口红利的要素驱动转向创新驱动，从粗放型发展模式向绿色、低碳、循环发展新模式转变，从被动落后到主动牵手、协同创新，从科技、经济不相适应到产学研一体化，可以说贵阳探索了在新常态下以创新驱动作为绿色动力推动转型升级发展的新路径。

以区域协同创新驱动跨越发展的新模式。互联网经济时代的到来，宣告物理距离的失效。世界从全球化走向扁平化，不管你住在纽约曼哈顿第五大道，还是身在肯尼亚马赛马拉大草原，只要有网络，你就与世界连接。创新也变得不再那么“高大上”，过去由小众精英牢牢把持的创新，现在已成为大众浪潮。

既然“乌合之众”能成就江海之势，那么，一个西部欠发达的城市，能发展全球最先进的“大数据”产业，也不算奇事。贵阳“弯道超车”的背后，依靠的是精准把握时代脉搏，明确发展定位，抓住搭“快车”的机遇，以区域创新平台，全面对接先进地区优势理念、优势资源、优势产业，努力提升自主创新能力，建立现代产业体系。由此，贵阳探索出一个区域协同创新驱动跨越发展的新模式。

以科技创新推动全面创新的新变革。以科技创新推动全面创新，有助于推动经济社会各个领域的绿色化改革，创造良好的社会发展环境，从而为科技创新创造良好的条件，形成科技创新与全面创新的良性循环。

通过牵手中关村，贵阳打开了科技创新的新局面，并以科技创新为突破口，推动了城市建设、社会治理、民生服务等各个领域的创新，以“疏老城，建新城”谋划城市建设发展的新格局，以“两严一降”推进社会体制机制改革和依法治市，以着力解决“民生十困”提升居民幸福感，切实改善贵阳社会发展环境，探索了新常态下以科技创新推动全面创新的新变革。

“四位一体”推动科技创新

资源的集聚能为一座城市带来什么？它给公元前 6 世纪的雅典带来了西方哲学、历史和戏剧；它给如今的美国带来了高速的创新和生产效率。要实现科技创新，首先要聚集资源。近年来，贵阳以京筑合作为契机，抓住科技创新所需的核心资源，激发内生动力，做好产学研一体化建设，发挥市场配置资源的决定性作用，着力以“四位一体”推动科技创新。

引入资源要素借力生力

为实现科技创新的质变，贵阳首先做好了核心资源输入的量变工作，抓住科技创新的三大核心资源——科技、人才、资金，搭建大平台、实现大共享，借力生力。

抓住科技创新三大核心资源。只有资源集聚，才有资源碰撞的火花。在科技创新所需的多种资源要素中，科技、人才、资金是关键。要实现科技创新，这三种资源缺一不可。其中，人才资源又是重中之重。这三种资源相互吸引，相互带动，凝成一股合力激发科技创新的“内燃机”。贵阳充分利用京筑合作的契机，重点引进科技、人才和资金，为提高自主科技创新能力打下坚实基础。在科技资源方面，贵阳着力实现资源的“同城化”，科研合作的“常态化”，以及科企对接的“精准化”，实现科技资源从聚到用的三连跳。在人才资源方面，贵阳以全面倾斜、全力提供、全力引进的原则，着力构建包括政策、机制和载体在内的人才引入制度，竭力吸引人才、培养人才、用好人才。在资金方面，贵阳着力拓宽招商引资的渠道，将资金项目的引入与贵阳正在构建的现代产业体系相契合，促进产业集聚创新。

搭建大平台，实现大共享。聚集资源，搭建平台是关键。从西部欠发达城市到国际化都市，资源的异地同城化，只有一个平台的距离。一次性的招商引资、招才引智能带来一时热闹和短期发展，从长远来看，经济持续健康的发展，需要依靠高水平的平台支撑以及科技创新资源的持久输入。贵阳虽然在科技创新上经验较少，但中关村深谙创新之道。牵手近两年来，京筑合作搭建了“一站一台”、“一部一院”、“一室一联”等高端平台，促进贵阳形成自身“造血”功能。“一站一台”致力于为京筑两地间技术、项目、人才、政策、科技条件等方面的交流与合作提供多功能的载体。“一部一院”，则以京筑协同建设的模式，促进贵阳与各方开展科研、人才、教育合作。而“一室一联”则在为贵阳集聚全球高端信息技术企业与提供大数据战略发展智力支撑方面搭建了桥梁。

自主创新激发内生动力

在贵阳转型升级的重要阶段，产业结构的调整、发展方式的转变，关键在于如何将大量资源输入产生的势能转变为提升自主创新力的动能。而撬动势能转为动能的钥匙，则是以改革激活内生动力，塑造贵阳的持久创新力。

改革，让创新要素活跃起来。当生产关系无法满足生产力的发展需求时，改革将成为必由之路。如何让科技、人才、资金、项目等创新要素活跃起来？关键是通过改革破除束缚科技创新的体制机制藩篱，释放创新要素活力，为创新要素的合理配置和活力发挥培育“土壤”。贵阳市着力转变政府职能，着力改革不适于创新驱动、转型升级的内外环境。一方面，大力抓简政放权，减少行政审批，简化行政手续，创新科技服务，营造创业氛围，激发科技创新活力；另一方面，以开放倒逼深层次改革，以开放促进发展转型。贵阳与北京中关村合作，与北京朝阳区、西城区、海淀区结为友好城区，正是注重学习及移植中关村的科技创新、人才培养模式以及投融资机制。

推动创新的六个持久动力。内生动力并非一旦激活就像永动机一样，贵阳要保持经济的可持续发展，必须不断深化改革，着力塑造和提升自身的创新力，提供“鲜活”的内生动力。贵阳着力培育自身的创新力，集中体现为“六个力”——创新资源集聚力、创新人才驱动力、创新环境吸引力、创新产业引领力、创新成果影响力和创新平台辐射力。这“六个力”是密切联系的整体，其中创新资源集聚力是基础，创新人才驱动力是关键。唯有不断提高环境的吸引力集聚资源，以人才为驱动力，才能实现产业的引领力、成果的影响力和平台的辐射力。同时，环境吸引力、资源集聚力和人才驱动力的发展程度又取决于产业的引领力、成果的影响力和平台的辐射力。

产学研的深度融合对接

推动科技创新，需要以问题为导向。科研机构与企业科技创新的痛点是什么？科技创新与经济发展脱节。要破解科技、经济“两张皮”的问题，促进科技成果的成功转化，亟须搭建产学研一体化平台，推动科研院所与产业、企业的深度融合。

从“脱节”到“对接”。科研与市场脱节，导致科研成果难以转化为生产力，科研努力难以获得实际收益，从而又挫伤了科研机构的科技创新积极性；企业与科研力量脱节，导致企业科技创新难以有所突破，耗费大量资源重复研发，企业发展水平难以提高。从更宏观的层面来说，科技与经济的脱节，将使得产业结构的调整与经济发展方式的转换都难以为继，长此以往，新常态下经济发展将陷入危机。守护着绿水青山的贵阳，更是迫切需要以科技创新促进产业转型升级，赢得金山银山。破解“脱节”，需要“对接”。贵阳通过政府、企业界、学界联合，共同打造贵州科学城、中国科学院贵州科技创新园项目、北京贵阳大数据研究院等产学研平台，让科企真正实现面对面，促进科技创新实现以市场为导向，提高科技创新成果的转化力，提升科技进步对经济发展的贡献。

强化金融服务，促进科技成果转化。科技成果转化迫切需要金融支持与金融服务。贵阳目前正着力以金融园区、科技银行和发展基金促进创新项目的融资便利化，支持科技成果转化。贵阳市的金融园区以贵阳国际金融中心、贵阳互联网金融产业园为代表。前者是集金融服务、商务办公、休闲娱乐、居住生活于一体的大规模复合型金融商务区，集聚了多家金融机构与单位。后者则致力于成为互联网金融企业聚集区，吸引相关互联网金融企业落户。金融园区注重集聚金融要素，而科技银行则致力于提供优质的金融服务，着力为各类科技企业和创新项目提供特色金融产品，引导金融资本进入科技创新领域，缓解科技型中小企业融资难题。此外，贵阳还建立了电子商务产业园产业发展基金、贵州省火炬青年创业扶持基金等发展基金，拓宽创业资本供给，促进了本土化创业资本基金和管理团队的形成。

完善资源配置的市场机制

科技创新成果到底能否推动经济发展，需要市场的检验。通过对外开放，培育市场主体，以产业链布局创新链，贵阳市政府进一步放开“有形之手”，让“无形之手”发挥资源配置的决定性作用，实现科技创新资源的有效配置。

大力培育市场主体。竞争机制是市场机制的重要组成部分。竞争带来的优胜劣汰，有助于激励市场主体创新，从而提高生产效率，提升产业发展水平。作为市场主体的企业，其竞争力直接关系到市场竞争的活力。当前，贵阳以中关村科技园落户为发展契机，结合自身发展的特点优势，着力培育了贵阳朗玛信息技术有限公司、中航工业贵阳航空发动机产业基地等具有代表性和引领性的企业。通过引入具有贡献度高、成长性好、约束力强等特点的竞争力企业，贵阳不断完善公平竞争的市场环境，保障竞争与供求、价格变动、资金和劳动力流动等市场活动的公平运作，有效发挥市场竞争激励创新的根本性作用，增强市场主体的创新动力。

以产业链布局创新链。在新一轮科技革命和产业革命的形势下，科技与市场之间的推进周期不断缩短，研发阶段本身的界限逐渐模糊。要加快科技成果的转化率，亟须围绕市场需求，以产业链布局创新链，使创新更具针对性与时效性。贵阳着力引进和推动以具有一定规模、质量高、产业链长、带动力强、有发展后劲为特征的引领性产业作为发展的突破口，比如大数据与信息产业、现代金融、医药健康、现代物流等。同时，围绕这些引领性产业，大力打造创新链。比如，贵阳目前正围绕大数据与信息产业的发展，超前培育一批具有较强产业关联度、引领大数据发展的产业协同创新共同体，通过强化科技创新成果的应用，提升产业价值，从而占领整个价值链的最高端，形成一套有效的价值机制。

“四轮驱动”推动全面升级

如果把贵阳经济的发展比作一辆正在行驶的“汽车”，从“四位一体”到“四轮驱动”，“四位一体”促进科技创新，解决的就是内核驱动的问题，而加快推进贵阳综合保税区、高新技术开发区、经济技术开发区和贵州省双龙航空港经济区的建设，则是解决了“轮子”的问题，以“四轮驱动”全面带动贵阳转型升级。

建设综合保税区，打造开放桥头堡与经济新引擎

贵阳综合保税区是贵州省的第一个保税区，身负带动贵州省对外开放的大任。面对“不沿江、不沿海、不沿边”的区位限制，贵阳综合保税区以错位式发展、差异化竞争为策略，以政策创新和制度创新为突破口，致力于打造成为贵州省对外开放的桥头堡与开放型经济的新引擎。

抓住机遇，填补对外平台空白。改革开放的 30 年，是以开放带动发展的 30 年，也是以开放倒逼改革促进发展的 30 年。从 2007 年全国首个综合保税区建立以来，截至 2013 年，国务院已经批准

在22个省市区建立28个全国综合保税区。虽然开放不断扩大，改革不断深入，贵州省却仍未拥有发展开放型经济的对外平台。

“贵州省经济的进出口贸易形势，表明了贵州省打造对外平台的迫切性。数据显示，2008~2012年，贵州省外贸进出口总值累计实现203.4亿美元，同上一个5年相比增长261%。贵州省关区监管进出口货运量737.3万吨，增长了477%；征收税款27.6亿元，增长了335%；监管进出境人员和监管行李物品件数，分别增长了146%和128%。”①

经济形势催生变革时代到来，贵州省抓住进出口板块的强劲增长态势作为争取政策的有力依据，2010年年初正式将关于设立贵阳综合保税区的请示上报国务院。2013年9月，国务院正式做出批复，同意设立贵阳综合保税区，由此开启了贵州省和贵阳市对外开放的新局面。

实施错位式发展与差异化竞争策略。综合保税区是我国内陆地区开放层次最高、优惠政策最多、功能最齐全的特殊功能区，整合了目前海关特殊监管区域的所有优惠政策，在这个“特区”内，企业的运作模式、管理模式、结算规则、税收标准和进出口方式等都将完全按照世界贸易组织的方式进行，高端、优惠、辐射、便捷成为最抢眼的核心特征。作为贵州省第一个综合保税区，贵阳综合保税区身负带动贵州省、贵阳市对外开放的大任。同时，相对于全国其他的综合保税

---

① 综合保税区 贵州开放大平台.贵州日报，2013年12月25日.

区，其发展基础和条件并不具备优势，选择何种发展模式和道路，成为摆在其面前的一道难题。在正视自身不足、深入调查研究的基础上，贵阳市以“错位式发展、差异化竞争”的策略破题综合保税区建设，提出“科技创新为引领、金融创新为支撑、政策创新为抓手、制度创新为突破、实体经济为依托、生态保护为底线”的发展思路，致力于将贵阳综合保税区建设成为贵州省乃至西南地区开放程度最高、入驻企业科技含量最高、体制机制运行效率最高、市场化环境最优的山地生态型保税新城，使之成为贵州省对外开放的“桥头堡”、经济加速发展的“新引擎”、西部内陆开放型经济发展的示范区。

以“两创新”突破“三不沿”。不沿江、不沿海、不沿边，在先天条件不足、开放程度较低的情况下，贵阳着力以“两创新”——政策创新和制度创新，推动短板变长，以改革红利吸引企业入驻，突破“三不沿”的区位限制。政策创新方面，贵阳综合保税区集国家层面、贵州省层面以及贵阳市层面的国家外汇管理局《关于贵阳综合保税区外汇管理改革试点的批复》、国家外汇管理局贵州省分局《关于外汇管理支持贵阳综合保税区发展的实施意见》、《关于支持贵阳综合保税区加快创新发展的意见》、《关于加快贵阳综合保税区发展的意见（试行）》等一揽子利好政策于一身，成为全国第一家获得国家外汇管理局单独发文予以改革试点支持的海关特殊监管区域。同时，它以政策创新促进制度创新，一方面为驻区企业提供税收、厂房租赁、产业扶持等方面的政策优惠；另一方面注重出台政策破除企业的政策发展障碍和难题，着力构筑创新政策高地和良好的营商环境，吸引大量外向型企业集聚发展。

建设高新技术开发区，以科技创新推动跨越式发展

牵手中关村，为贵阳国家高新技术开发区的发展带来了新机遇。贵阳高新技术开发区通过与贵阳综合保税区、白云区“三区统筹、融合发展”，形成优势互补、协同创新的新格局，并着力以平台创新完善科技服务，以人才驱动带动科技驱动，有效实现以科技创新推动跨越式发展。

大数据引爆发展“新动力”。1992 年经国务院批准设立的贵阳国家高新技术开发区，是贵州省唯一的国家级高新技术开发区和贵州省唯一的人才特区。经过 20 多年的发展，贵阳高新技术开发区已逐渐成为贵州省实施创新驱动、发展高新技术、高端产业和实体经济的主阵地。

2013 年贵阳牵手中关村，落户贵阳的中关村科技园，核心区就在贵阳高新技术开发区。在此背景下，高新技术开发区把握好大数据时代到来的重大机遇，以科技创新为引领，依托自身的产业基础、创新要素聚集优势，构筑起“一廊三园七中心”的大数据产业布局，加快推进大数据产业集聚，引爆发展“新动力”。

目前，贵阳高新技术开发区聚集了 45 个大数据项目，引进了 11 家全球顶级的大数据企业，组建了贵阳大数据产业技术联盟，食品安全云、电子商务商云、社区服务云、智慧农业云、智能交通云、

医疗健康云、教育云等20朵云落户高新技术开发区正式运行，呈现出“云上贵州，数聚高新”的发展态势。

三区协同创新，创造1+1+1>3。区域协同创新，是创新驱动发展的重要策略。贵阳在自身缺乏创新资源的情况下，通过牵手中关村，以区域协同创新，推动创新驱动发展。贵阳高新技术开发区则通过与贵阳综合保税区、白云区“三区统筹、融合发展”破解土地资源有限的发展困境，形成优势互补、协同创新的新格局。面对区域面积狭小、土地资源有限，难以承载高速发展的经济实体的问题，贵阳高新技术开发区通过整合自身的创新资源优势、综合保税区的政策资源优势、白云区的行政资源优势，以三区作为整体进行长远规划，实现功能差异化、园区错位化发展，一方面发挥高新技术开发区科技引领、综合保税区开放“桥头堡”的作用，带动白云区发展；另一方面以白云区作为大后方，提供土地、资源等发展要素，让三区发挥各自优势，最终形成“1+1+1>3”的效应。

平台创新+人才驱动，提升企业创新能力。创新驱动发展的核心是科技创新，而对科技创新支撑作用最突出的是企业创新能力。贵阳高新技术开发区为有效提高企业创新能力，着力以平台创新完善科技服务，以人才驱动带动科技驱动，助推企业成为技术创新的主体力量。在平台创新方面，通过搭建贵州省科技城、中科院贵州创新园等一批科技创新平台，建设新三线咖啡吧、创客社区孵化器、清华控股创新基地等孵化培育平台，贵阳高新技术开发区不断完善科技服务，吸引企业落户、营造鼓励创新创业的环境；在人才驱动方面，高新技术开发区牢牢抓住建设全省唯一一个人才特区的机遇，积极招才引智，并以人才带动项目落地，为企业增强科技创新能力打下坚实基础。“截至 2014 年上半年，高新技术开发区新增专利申请量 318 件，同比增长 54.4%；专利授权量 242 件，同比增长 42.3%。”①

建设经济开发区，引领高端“智造”浪潮

在全球工业 4.0 的革命浪潮下，作为曾经三线企业最为集中的区域，贵阳经济开发区依托良好的工业基础，致力于发展成为西部装备制造业的重要基地，并以数字化、网络化、智能化、生态化为目标，着力发展高端“智造”产业，力争建成千亿元生态工业园区。

全面提升产业集聚水平，打造西部装备制造基地。贵阳经济开发区是 2000 年 2 月国务院批准设立的全国 49 个国家级经济技术开发区之一，是目前贵州省内唯一的国家级经济技术开发区。作为贵州省工业特别是装备制造业的重要集聚地，经济开发区拥有一大批工业企业，工业经济基础比较雄厚。

在此基础上，经济开发区紧紧抓住与中关村科技园合作的重大战略机遇，通过大力引进工业增量，注重引进科技含量高、产业关联度大的龙头企业，按照“核心企业—产业链—产业集群—制造业基地”的发展思路，通过围绕龙头企业积极发展协作配套，延长产业链，全

① 科技驱动集聚产业　促进经济快速发展. 贵阳日报，2013 年 9 月 9 日.

面提升产业集聚水平，着力将经济开发区打造成为西部地区装备制造业的重要基地。

四化统筹，推进高端“智造”。结合贵阳创新驱动发展战略和建设全国生态文明示范城市的目标，经济开发区提出以数字化、网络化、智能化、生态化作为高端制造业的发展目标。

在数字化方面，努力将智能软件、新材料、3D打印等新制造方法与基于网络的商业服务形成合力，实现生产控制系统的一体化，设计、制造、消费者反馈的一体化，制造系统的微型化，实现全生命周期产品的动态制造能力；在网络化方面，推动制造业的技术研发、产品设计、生产制造、营销推广、销售以及相关的原材料采购、物流、融资等环节，被互联网完全渗透，形成制造业全链条的网络化；在智能化方面，借助贵阳发展大数据的契机，以大数据驱动制造业的智能化，实现产品的智能化、生产制造的智能化、企业的智能化；在生态化方面，建立循环经济链，开发节能环保技术，探索产业生态化发展、自然生态可持续和城市生活可持续的共生园区发展模式。

区域辐射带动创新为千亿级产业园区建设加速。按照相关规划，贵阳经济开发区将聚集发展大数据产业、高端装备制造业和新医药大健康三大产业。贵阳牵手中关村后，经济开发区借力中关村的辐射带动效应，大力争取项目融资、完善服务体系，加速推动千亿级产业园区建设。

一方面，经济开发区积极对接北京中关村企业，通过中关村的科技金融平台，积极争取中央在技术创新、融资担保、产业转型和结构优化等方面的财政支持政策，借助“北京要素”促进项目成长；另一方面，经济开发区借助“一站一台”，为中关村项目的落地争取科技资源、服务资源，并在项目建设上积极协调各类生产要素的供应，保障园区各大项目建设。

建设双龙航空港，创建国家级航空港综合实验区

建设双龙航空港是贵州进一步深化改革、扩大开放和培育区域发展新引擎的迫切需要。通过努力创建国家级航空港综合实验区，将双龙航空港打造成为对外开放的新平台，发展临空型现代服务业，建设绿色智慧空港城，有助于为贵州的产业转型升级以及体制机制的改革创新探索新的经验。

打造对外开放平台，融入全球经济潮流。作为西南地区陆路交通枢纽的贵州，位于“一带一路”两个重要起点——重庆市与北部湾、广州港中间的腹地，是国家“一带一路”战略“空中丝绸之路”的重要节点。因此，通过建设贵州省双龙航空港经济区，大力发展科技含量高、开放程度深、国际合作范围广的临空经济核心产业，积极引入临空经济关联性现代产业，建设成立足西南、面向全国、走向世界的中国西南地区国际航空中心。这对完善“一带一路”国家战略、推动西南各省区与东部沿海地区联动发展、打通贵州融入“一带一路”参与新一轮国际经济大整合的通道等各方面，均具有十分重要的战略意义。

加快推动空港经济区产业发展，也是构建贵州省走向国际桥头堡的重要举措。建立双龙航空港，有利于贵州吸引全球优质资源，进一步发展外向型经济，建设国内外产业转移的重要承接区和出口商品加工基地，打造富有活力和竞争力的内陆开放新高地，推动低端制造业向高端产业转型，使贵州的发展更好地融入世界经济发展的潮流之中，参与全球经济分工。

发展临空型现代服务业，探索产业转型升级之路。长久以来，在贵州的产业结构中，二次产业比重较大，三次产业比重较低。而工业的发展多以原料的初级加工为主，生产方式较为粗放、不具有可持续性。要实现生态发展与经济发展的双赢，贵州亟须产业转型升级。双龙航空港发展临空型现代服务业，有助于为贵州省的产业转型升级探索新的经验。按照相关规划，贵州双龙航空港经济区，将以打造“西南地区国际航空中心”为目标，以临空型高端服务业为主、临空型高端制造业为辅，发展核心型产业、关联型产业、引致型产业。双龙航空港经济区通过着力发挥航空运输综合带动作用，强化创新驱动，吸引高端要素集聚，大力发展航空运营、航空技术研发、航空运输、航空物流等重点产业，培育壮大航空关联性强、特色明显、链条完善、科技含量高、国际合作广的高端服务业和高端制造业，形成“一核两片多廊道”的空间布局，促进产业集群发展，打造融入全球产业体系的重要节点，为贵州省产业转型升级探索新路。

建设绿色智慧空港城，改革创新先行示范。围绕“西南地区国际航空中心”这一功能定位，贵州省双龙航空港经济区将以现有城镇、园区、基础设施为依托，以建设“引领黔中南经济区发展、服务全国、联通世界的开放高地”为目标，以转型升级、高端发展为着力点，强化体制机制创新，调整优化产业布局、城镇空间布局、基础设施布局和生态布局，打造高起点、高标准、高质量和可持续发展的国际化、现代化的绿色智慧空港城。作为绿色智慧空港城，双龙航空港将在组织机构、体制机制、政府职能转变等方面先行先试，为贵州省全面深化改革探索新途径，积累新经验。面向黔中南经济区，促进空间布局、产业发展、基础设施、生态环境等方面的深度对接与融合，推进区域一体化发展，打造区域合作发展共同体，努力成为引领黔中南经济区发展、服务全国、联通世界的开放高地。

改革驱动创新，创新驱动发展

创新驱动发展，首要的是以改革驱动创新。通过体制机制的改革，来配合科技创新的需要，使创新能获得更多收益，激励企业成为创新主体，形成以市场为导向的科技创新；激励人才创新的积极性，真正发挥人才驱动创新的作用。

全面深化改革，重点在于转变政府职能

以改革驱动创新，关键是要破除束缚科技创新的体制机制障碍，

释放创新要素活力。这需要正确处理政府、市场与社会的关系，转变政府职能，促进科技创新的“四个对接”落实，保证市场有效发挥资源配置的决定性作用，实现以市场为导向的科技创新。

处理好政府、市场与社会的关系。加快转变政府职能，有助于破除阻碍创新的体制机制，推动“全能型”政府向“服务型”政府转变，让政府逐渐减少或退出直接配置市场资源，转而着力营造激励创新的服务环境和公平市场竞争环境。

在转变政府职能的过程中，贵阳着力做好“四张清单”——权力清单、负面清单、责任清单、程序清单。其中，2014 年贵阳 130 个部门完成了“一把手”权力清单的清理，对重大事项决定权、大额度资金审批权、重要人事任免权等进行明确界定，并印发了《贵阳市行政权力清单目录（2014 年版）》。近年来，贵阳市政务服务中心通过精简审批事项、优化办事流程，办事效率和服务质量不断提升。贵阳计划在 2015 年年底前实现权力清单、服务清单、责任清单“三单合一”，全力提升行政服务效能，推进管理型政府向服务型、责任型政府转变，从而为科技创新创造有利的服务环境。

落实科技创新的“四个对接”。近年来，中央在加快实施创新驱动发展战略部署中，突出强调“四个对接”——强化科技同经济对接、创新成果同产业对接、创新项目同现实生产力对接、研发人员创新劳动同其利益收入对接，以破除阻碍创新驱动发展的壁垒，打通科技成果转化通道，最大限度调动科技人才创新积极性，使创新驱动发展战略真正落地。

贵阳在推动科技创新方面，着力以政策创新，促进招才引智和优质产业、企业聚集，强化激励，鼓励企业创新，提高科技创新的转化和实际收益；以制度创新，减少科技创新相关行政审批，创新科技金融，改革科技创新项目融资机制，完善科技成果权属和成果转化收益分配制度，为科技创新创造制度环境；以平台创新，为科研机构、企业、产业创造沟通、交流，相互促进发展的载体，促进以市场为导向的创新，协同推动科技与经济对接、创新成果与产业对接、创新项目与现实生产力对接、研发人员创新劳动同其利益收入对接。

营造创新生态，核心在于突出企业主体

加快实施创新驱动战略，关键是要让企业成为技术创新的主体。通过营造有利于科技创新的环境，突出企业的主体地位，让企业成为研发投入主体、创新人才集聚主体、引领产学研协同创新主体，推动科技创新与市场需求相结合，从而真正让创新成为驱动发展的新动力。

研发投入主体。研发的投入直接影响企业的创新能力和创新成果。积极推动企业成为研发投入主体，提高企业创新的主动性，建立健全企业研发投入的稳定机制，有利于提高企业自主创新能力，创造更多科技创新成果。

作为“国家创新型试点城市”的贵阳，相继出台了《贵阳市科技

创新促进条例》、《贵阳市创新型企业建设工作实施方案》等政策，积极引导和激励企业增加研究开发和技术创新的投入。通过开展技术创新活动，对引进技术进行消化吸收和再创新，促进企业逐步成为创新投入的主体，形成以政府投入为引导，企业投入为主体，社会资本参与的多层次、多元化的科技投入体系，切实保障研发投入，提升企业自主创新能力。目前，围绕引领性产业，贵阳在规划、土地、资金、项目立项等方面不断完善政策，已经培育了朗玛信息、皓天光电等一批具有自主知识产权的高新技术企业。

引领产学研协同创新主体。企业自主创新源于市场又归于市场。只有以企业为主体，才能坚持技术创新的市场导向，有效整合产学研的力量，加快技术创新成果的产品化。因此，产学研协同创新体系必须以企业为主体，充分发挥科研机构和高等院校的科技创新活力，推动科技创新与市场需求相结合。

“截至 2014 年，贵阳市共有已获批国家创新型（试点）企业 5 家，省级创新型（试点）61 家，市级创新型企业 73 家，成立在筑高校科研院所科技创新联盟、贵州大学贵阳创新驱动发展战略研究院，培育国家级、省级产业技术创新联盟 7 个，并拥有多个国家级工程技术研究中心、国家级企业技术中心，以及多家科技企业孵化器和中介机构，基本形成区域科技创新体系。”[①]以该体系为载体，贵阳不断健全科技创新的产学研机制，强化企业引领产学研协同创新主体，

① 搭建平台聚资源 营造氛围促创新. 贵阳日报，2014 年 9 月 19 日.

引导高校和科研院所围绕企业需求开展产学研协同创新，集中资源推进重点产业和领域科技创新，促进科技与产业的有效结合。

创新人才集聚主体。企业科技创新，关键在于集聚一批创新型人才，形成稳定的专业技术研发队伍，让企业成为人才集聚的主体，让科技创新成为企业发展的真正动力，推动企业科技创新常态化、成果转化高效化。

为推动企业成为人才集聚的主体，贵阳着力创新企业引进人才的支持政策，一方面，鼓励企业采取兼职聘用、技术指导、项目合作等方式引进科研人才，对通过猎头引进人才、引进领军人才、引进高技能人才的企业实行奖励、补贴制度，并扣除相应的引进人才费用，鼓励企业以创新方式对人才进行激励；另一方面，贵阳对直接引进到企业从事技术创新、项目研发、成果转化、经营管理的高层次人才给予奖励与补贴，鼓励支持事业单位科技人员到企业任职，从事技术研发、成果转化、信息咨询、技术服务等兼职工作，且在原单位3年内“保职保薪”。

实施创新驱动，实质在于人才驱动

创新驱动的实质是人才驱动。谁拥有一流的创新人才，谁就拥有了科技创新的优势和主导权。为加快形成一支规模庞大、富有创新精神、敢于承担风险的创新型人才队伍，需要强化激励创新，重点用好、吸引、培养人才，激发人才创新热情，提升自主创新水平。

强化人才支撑，抢占科技创新主导权。在 2014 年 8 月中央财经领导小组第七次会议上，习近平总书记强调创新驱动实质上是人才驱动。这一论断深刻阐明了人才与创新之间的关系，进一步明确了人才在我国实施创新驱动发展战略中的重要地位和关键作用。

近年来，贵阳以聚集人才为导向，以展示成果为抓手，以服务人才为目的，着力打造贵阳国际人才城，为贵阳实施创新驱动发展战略提供人才支撑。以国际人才城为载体，贵阳着力打造人才城和人力资源产业服务园相结合的聚才平台，吸引有利于促进人才创新、创业的专业机构入驻贵阳。同时，国际人才城还充分结合中关村贵阳科技园、贵阳综合保税区、双龙航空港经济区的建设和高新技术产业、现代制造业、现代服务业的发展实际，不拘一格地引进高层次人才，培养紧缺人才，为贵阳实施创新驱动发展战略注入强劲动力。

“筑巢引凤”激励创新。要驱动人才创新，强化激励是关键。通过完善科技成果、知识产权归属和利益分享机制，落实优惠政策，有助于激发人才创新热情、创业勇气，不断提升人才自主创新能力和水平。

为驱动人才创新，贵阳着力完善科技成果权属和成果转化收益分配制度，健全创业资助、工作场所、住房公寓、贷款担保、融资服务等激励机制，鼓励企业以股权奖励、股权出售、股票期权、分红激励等多种方式激励人才创新。2014 年，贵阳出台《关于实施“筑巢引凤”计划推进科技创新的意见》，明确大力实施“黔归人才”计划、人才创业兴业工程，以多项政策激励人才创新创业。其中，贵阳以资金奖励、财税奖励、税收优惠等政策支持人才创新创业；允许人才以知识产权等无形资产入股、享受职称评定特殊政策，鼓励人才自主创新；以安居乐业服务，吸引人才落地，

建立健全创新型人才培养和成长机制。推动人才创新，需要尊重人才发展的基本规律，建立健全创新型人才培养和成长机制，不断开发人才潜能，做好引进、用好、培育人才工作。

在引进人才方面，贵阳将招商引资与招才引智相结合，深入开展招商引才、项目引才和技术引才等专项活动，大力引进能引领重点产业发展的创新创业人才和团队，重点引进带技术、带项目、带资金创业的领军人才，鼓励高层次人才到研发和生产一线工作。在人才培养方面，贵阳重点实施创新型科技人才培养工程，推进创新型青年人才培养计划，每年遴选150名35岁左右有创新前景和发展潜力的优秀人才，采取“人才+项目”模式，依托重大科研项目、产业项目和工程项目，在实践中培养和聚集创新型科技人才。

第六章　从“贵漂时代”到“创客贵阳”

贵阳这两年发生的巨变是什么，大数据产业和生态文明示范城市建设是两大亮点。大数据是这个时代的发展趋势，催生着新一轮的技术革新浪潮，而贵阳提出“数据城市”的建设顺应了这一发展趋势，在这一轮技术革新中践行着“顺势者”的角色。生态文明示范城市建设则是这个时代的发展潮流。人们不再沿袭“先污染后治理”的路子，相信可以实现“青山与金山”双赢。这是观念的转变，更是一种自信的发展理念。贵阳的生态文明示范城市建设，正是试图探索一条绿色化的双赢之路，所以，不得不说贵阳正扮演着这个时代的弄潮儿。

贵阳已发生什么——具备创新创业的基础

看到这里，或许有人会轻嗤，一个三线省会城市能翻起什么大浪；或许有人会疑惑，“爽爽的贵阳”又要出什么高招；或许有人会会心一笑，因为大家都很想知道在贵阳到底发生了什么。从贵阳发生的巨变，不仅可以嗅到大数据产业发展的商机，更能见证贵阳已走在绿色崛起和大数据发展的前列。

从中央提出加快实施创新驱动发展战略和加快推进生态文明建设开始，中国经济社会的发展便正式进入新一轮竞跑。在这一轮竞跑中，贵阳因其“知行合一”的城市精神及未遭破坏的生态环境，快速完成华丽转身，领跑全国生态文明示范城市建设及绿色化发展，领衔全国大数据产业革命浪潮，占尽天时地利人和，成为名副其实的佼佼者。

优势凸显，开启“贵漂时代”

“落后”缔造的后发优势。“欠发达、欠开发”在很长一段时间内是贵州发展的标签，但是贵州的优势也就在这“落后”之中。第一，因为“欠开发”所以避免了在上一轮追赶现代化运动的过程中“竭泽而渔”，保住了绿水青山，护住了生态环境，从贵阳获批建设全国生态文明示范城市即可印证这一点。贵阳良好的生态气候条件是大数据产业发展的重要条件之一。第二，新兴事物的来临往往伴随对旧事物的颠覆，在欠发达地区，这种颠覆性更强，可以使其从一种发展状态直接跃为另外一种发展状态。因为贵阳欠发达，所以新兴事物在贵阳的发展需要颠覆的事物少，而需要颠覆的东西越少，遇到的阻力就越小，成功的概率就越高。这也使得大数据在贵阳发展得风生水起，由此开辟了无限商机，也开启了“贵漂时代”。

何为“漂”与为何“漂”？“漂”的形式是流动，但本质是逐梦。“漂”不是漫无目的地流动，而是朝着一定的方向聚集，正如起风时，树叶会逐风而去。于逐梦者而言，则是漂向更具思想活力及政策更具创新性的地方。为何漂？是因为逐梦者想要获得更大的成长空间和更好的发展前景，更是因为期待实现自我价值。

从改革开放至今，前赴后继的逐梦者共经历了三个阶段。第一个阶段是改革开放初期，我国市场体制发生巨变，第一波创业潮兴起，逐梦者向深圳、珠海、汕头和厦门等经济特区流动，寻求发展机遇。第二个阶段是2005年之后，中国步入互联网时代，北上广等一线城市集聚大量优势资源，使得逐梦者开始漂向北上广等城市，也随之产生“北漂族”、“蚁族”等群体。第三个阶段是大数据开启的“贵漂时代”。“爽爽的贵阳”正兴起大数据风尚，与此同时还打造了中国的“五个第一”（中国第一个大数据战略重点实验室、中国第一个全域公共免费Wi–Fi城市、中国第一个块数据公共平台、全国第一个政府数据开放示范城市、中国第一个大数据交易所）。大数据时代的到来，给贵阳带来了新的发展机遇，也给无数逐梦者打造了一个筑梦的舞台。

贵漂正值青春。青春令人回味，是因为青春有无限的希望、无限逐梦的力量，即便跌倒也能勇敢而骄傲地站起来仰头微笑。创业成功者回味创业初期无休止的夜战与黑眼圈，而梦想创业和正走在创业路上的人，则向往自我价值实现那一刻的心动与笑颜。无论你是谁、向往着什么，正值青春的贵漂，都能给你所想，伴你成长。

正值青春的贵阳，发展空间不可估量。它有着强大的科技创新内生动力，先后成立了高校科研院所科技创新联盟、大数据产业技术联盟、贵阳产业技术研究院、贵阳 3D 打印技术创新中心和贵阳科技成果转化服务中心。它建立了良好的市场合作机制，先后与阿里巴巴、百度、戴尔等商业巨头合作。它建设了众多引领性项目，主要有大数据展示中心、中国科学院创新园、中小企业孵化园云计算中心、综合保税区围网工程、西南国际商贸城、贵航汽车零部件产业园等。它制定了人才引进政策，出台《关于加快大数据产业人才队伍建设的实施意见》、启动黔归人才计划等。强大的内生动力、良好的市场机制和一揽子政策红利，使贵阳释放着无限的青春活力，正吸引逐梦者漂向贵阳。

贵漂让漂泊之心驻留。人之所以漂泊，是因为梦想无处安放。贵漂给你筑梦之巢，让你驻留漂泊之心。相比于正值青春的贵阳，北上广等一线城市已经进入成熟期，无数人对它们趋之若鹜，然而“理想很丰满，现实很骨感”，这些地方就业、创业竞争激烈。与北漂相比，贵漂仍有诸多不及，但是贵漂的出现是筑城开始大众创业、万众创新的标志。相对北上广，贵阳生态环境优美、就业创业竞争压力较小、生活成本较低、政策环境良好，特别是领衔全国大数据产业，能给逐梦者带来更多创业机遇，提供更好的筑梦平台。

环境营造，服务创新创业

贵阳破除制约创新的思想障碍和制度藩篱，激发全社会创新活力和创造潜能，营造了大众创业、万众创新的政策环境和制度环境。“推动大众创业、万众创新是充分激发亿万群众智慧和创造力的重大改革举措，是实现国家强盛、人民富裕的重要途径。”[①]全面兴起大众创业、万众创新热潮，不仅有利于为经济发展增添持久动力，还有利于扩大民众参与，从而形成全面深化改革的强大合力。贵阳通过一系列作为，消除各种束缚与桎梏，为大众创业、万众创新营造良好环境。

简政放权激活“双创”的动力引擎。政府必须深化改革、简政放权，营造积极而宽松的创业环境，充分发挥市场在资源配置中的决定性作用，形成大众创业、万众创新的浪潮。在过去的2014年，贵州省的省级行政许可事项、非行政许可审批事项分别比2011年减少了69%和91%。贵阳市全面完成政府机构改革，大力推进简政放权，取消行政审批事项10项，下放和委托下放41项。“通过简政放权给市场更大自主空间，通过政策红利给市场增添信心，为创新、创业大潮营造了一个低成本、高预期的环境。”[②]

为创客建立健全权益保护制度。实行严格的知识产权保护制度，为创业创新“加油护航”。从制度和政策上保护创客的创意和技术，

① 李克强.着力推动大众创业万众创新汇聚经济社会发展强大新动能[N].人民日报，2015年5月8日.

② 易鹏.激活创新创业的动力引擎[N].人民日报，2015年4月20日.

是尊重创客的体现，更是服务大众创业、万众创新的基础。2015年5月1日，贵州省正式实施《贵州省专利条例》。一是鼓励发明创造，优先推荐对推动技术进步产生重大作用或者取得显著效益的专利主要发明人、设计人申报相关专业技术职务资格。二是鼓励成果转化，推动创业创新，鼓励科技人员从事专利产品和技术研究开发，利用专利创业，并且支持担保机构为专利产业化项目提供融资担保。三是加强专利保护，提高侵权违法成本，侵权行为人要按所得缴纳罚款数额。四是加大专利执法，权限下放到县。以往只有市、州以上管理专利工作的部门才有专利执法权，现在专利执法权限下放到县一级，解决了9个市州专利管理部门执法力量难以覆盖到各县区的现实问题。

营造创新创业文化氛围。一个地方的发达程度和发展速度与这个地方的创新创业文化紧密相关，创新人才的创业激情与活力的激发离不开创业文化氛围的熏陶。

贵阳高度重视营造创新创业文化氛围，打造了贵州省首家创业咖啡厅——新三线咖啡吧。新三线咖啡吧开放度高、自由便捷、轻松活跃，能营造浓厚的创业文化氛围，为创业者和初创期企业提供各项援助和支持，对高科技成果和创意产品进行孵化，是新型的“创投平台”、创新型孵化器、草根创业者的孵化基地。

贵阳的主政者们十分关注并鼓励、支持、帮助、保护大学生创新创业。贵阳市委书记陈刚同志曾于2015年年初赴贵州大学就创业项目未来发展、创客空间打造、创业氛围营造和大学生创业培训等问题与大学生们展开交流。

此外，贵阳还积极帮助各高校打造创新创业文化氛围，加强对学生的创新创业教育。贵州大学的创客梦工厂“溪山创客”正是在这样的环境中应运而生的。

黔臣归巢，助力新一轮竞跑

实施人才兴市战略，建设产业人才队伍。围绕“加速发展、加快转型、推动跨越”的主基调，采取“人无我有、人有我优、人优我新”的政策集聚各类人才到贵阳创新创业。招商引资与招才引智双管齐下，为留筑人才提供创业资助、工作场所、住房公寓、贷款担保、融资等服务，并为留筑人才提供落户、医疗、社保、子女入学、配偶就业等人性化服务。实施创新型科技人才培养工程、高层次企业经营管理人才培养工程、高技能人才培养工程三大人才培养工程，建成人才培养基地——清镇职教城。

培养和引进人才，促进科学技术创新。建设平台，打造中国人才创业首选地；实施“百千万人才引进计划”，百人领军人才领衔攻克关键技术和工艺操作难题，千人创新创业人才领跑筑城创新创业，万人专业技术人才主攻科技实践。建设大学城，各高校联合办学，重点支持入选国家“中西部高校提升综合实力工程”的贵州大学。建设以企业为主体的产学研战略联盟，孵化培育了一批创新型领军企业和重大创新项目。

筑巢引凤，实施“黔归人才”计划。以黔籍人才为重点，集聚经济社会发展急需的领军人才、核心人才、高层次人才及团队，促进人才创业兴业。依托海内外黔籍同学会、社团组织、异地商会和贵州博士网等，建立黔籍人才经常性沟通联系机制，建立黔籍优秀人才、黔籍学子信息库，组建黔籍人才网站，定期发布贵阳经济社会发展信息、重大工作动态、招商引资和招才引智政策及人才、技术、项目需求，畅通人才联络和智力引进渠道，适时开展黔籍人才座谈会、招聘会、专家博士故乡行等活动，以亲情、乡情和优惠政策，吸引和激励黔籍人才回乡开拓创业、投资兴业，开展学术交流、项目合作，为家乡发展建言献策、建功立业。建设了四大科技创新平台，分别是科技项目承载平台、科技资源共享平台、科技创新服务平台、科技金融支撑平台，创新创业支持政策进一步完善。

聚焦重点产业及重要领域引进高层次人才。建立政府引导、用人单位为主、市场化配置的人才引进机制，原则上坚持“突出重点、专业对口、急需实用、能力优先、注重实绩”，方式以直接引进与柔性引进相结合、智力引进与项目引进并重为主。对于直接引进的各类人才，贵阳给予住房补贴、生活津贴等优惠待遇；柔性引进的各类人才，可申请免费入住“贵阳市高级人才公寓”。

创新大数据人才培养、引进和储备、集聚机制，建设大数据产业人才队伍。以数据中心、呼叫中心为切入点，充分发挥高校、职业院校培养储备人才的基础作用和园区、企业集聚用好人才的主体作用，加大创业资助力度和企业聚才支持力度，健全科技创新服务体系，吸引大数据领军人才、高层次人才创新创业，支持大数据企业引进专业人才和相关联的急需人才，政府、学校、企业联动订单式培养大数据中高级人才和基础人才，为贵阳打造全国大数据产业先行区和西部智能终端产业基地提供强有力的人才保证和智力支撑。大数据产业人才队伍建设由贵阳市委、市政府统一领导，并针对大数据不同类型的人才，由相应的职能部门提供周到而细致的服务，这足可见贵阳市铆足了劲儿，吸引人才到贵阳创新创业。

搭台吸引企业来“唱戏”。贵阳高新技术开发区依托大数据搭建起大众创业、万众创新的大平台，构建了“种子（播种社区）—苗圃（哺育社区）—孵化器（孵化社区）—加速器（加速社区）—产业园（产业化社区）”孵化及产业培育链条。打造大数据创客公园，依托大学生创业园、留学归国人员创业园等成熟的孵化载体和贵阳国际人才城等平台，聚集互联网金融、电子商务、金融服务、信息服务等产业，形成较为完善的科技产业公共服务平台和科技孵化体系。同时，依托“新三线”梦工厂、中小企业孵化园，为孵化企业规模化、产业化发展提供空间。目前，贵阳高新技术开发区已聚集大数据关联企业 353 家，建成大数据云计算中心、大数据应用展示中心、贵阳国际人才城，引进了“一部一院”和“一站一台”，引进戴尔、华为、英特尔、甲骨文等 11 家企业成立了大数据产业技术联盟，食品安全云、电子商务云等 20 朵“云”落户高新技术开发区并投入运营。

改善环境，开辟揽才新格局。贵阳作为省会城市，大力实施创新驱动、区域合作战略，逐渐完善政策环境，吸引了大批黔籍人才归“巢”，更吸引了大量非黔籍人才留筑。随着贵广高铁的开通，贵阳步入高铁时代，“4 小时经济圈”与外界距离大幅缩短，填补了曾经因距离而产生的“人才、信息、资源要素的鸿沟”，让曾经不愿留守的本地人、不屑入筑的外地人改变了想法，也吸引了大批东部沿海企业前来投资。

贵阳正发生什么——引领新一轮创新创业

每一次技术革新都使人类历史发生根本性飞跃，也会给勇抓机遇者丰厚的“奖赏”。大数据时代引起的产业革新和人类思维模式的变化，正掀起大众创业、万众创新的浪潮，在这一浪潮中，有人驻足观望，以不变应万变；有人乘风破浪，成为新时代的弄潮儿。而贵阳则顺势而为，破浪而出，引领全国大数据产业变革与发展。开弓没有回头箭，改革关头勇者胜，贵阳的发展正引领新一轮的创新创业大潮。

大数据时代推动社会全面创新

18 世纪从英国发起的蒸汽技术革命开创了以机器工业代替手工业的时代，这是技术改革史上的一次巨大进步，工业革命迅速席卷美国、法国、德国等国家，开启了一场深刻的社会变革。19 世纪六七十年代，电气技术革命让人类从“蒸汽时代”进入“电气时代”，自然科学开始同工业生产紧密相连，科学技术成为推动生产力发展的直接动力。20世纪四五十年代之后，信息技术革命成为人类文明史上继蒸汽技术革命和电气技术革命之后科技领域里的又一次重大飞跃，互联网成为人类的“第二母语”，解放了人类的大脑。三大技术革命引领时代实现跨越，抓住机遇的则“乘势而上”，错过机遇的则“被动挨打”。

“2013年人类进入大数据元年，这一年，不管你有没有意识到，大数据都已经来到我们身边。”[①] 大数据时代的到来，深刻地影响人们的生产生活和思维模式，推动社会的全面创新。

众联，听见“万物声涨”。“众联”是指连接一切，打通人与物之间、物与物之间的交流通道。社会的“元结构”由人与人之间的交流形成，通过不断重构“元结构”，科技创新在给人类生活提供便利的同时实现物质财富的几何级增长。“众联”不仅改变着人与人之间的交流方式，还实现了人与物之间的交流。沉默的“物”不仅发出人类能听懂的声音，还能接受人类对其发出的一系列复杂指令。万物互联终结了物的沉默时代，开启“万物声涨”的新时代。物从无声变有声，产业的发展正迎来变革新时期。

众包，汇聚草根力量。“众包”是指广泛吸纳各方力量共同完成某一任务或使命，而这种力量主要由非专业化的人士构成。互联网巨大的知识传播力和汇聚力让以往那些被少数专业人士、高端人士垄断

① 2013大数据元年[N].人民日报，2013年12月25日.

的领域向普罗大众敞开了大门，由技术、经验、资本等构成的传统行业壁垒正在被打破。借助互联网，普通人也可以迅速成为某个领域的“专家”，当大家有组织地把知识、经验、智慧和劳动共享的时候，一些巨大的甚至是看起来不可能完成的任务将以很低的成本在很短的时间内以较高质量完成。互联网汇聚“怀才不遇”的草根力量，大批草根凭借自己的情怀、热忱和天马行空的想象给社会创造出更好的体验和更伟大的产品。可以说，“众包”正在专业化、精英化的既有世界规则基础上创造一种新的规则。正如三国时孙权所说：“能用众力，则无敌于天下矣；能用众智，则无畏于圣人矣。”

众创，扩大创新主体。“众创”是指人人都是“创客”，个个都可以成为创新的主体。正如凯文·凯利所说，创新总是来自前沿和边缘，当今的时代，一切都在互联网化、智能化，新的不均衡状态已经出现并将长久维持，往往某一行业、领域内的微小创新能够成为更大范围、更大领域创新的灵感。同时，互联网给予“创客”们的是前辈们从未有过的资源优势、知识优势、思想优势。特别是物质与技术的极大丰富正在让市场供需格局发生重大变革，从以往技术、产品供给导向向用户、社会需求导向转变，用户体验成为产品的核心考量，在这个背景下，个体正在取代大公司、大企业成为创新的主体。每一个人都可以凭借自己对市场敏锐的嗅觉、依靠完善的创新支撑生态系统，上演属于自己的创新故事，而世界也在这股创新大潮中发展得更加和谐、活跃和完善。可以说，在“众创”热潮的推动下，创新正成为一种信仰，各个领域、各个行业都将被创新改变甚至是被重新定义，创新创业的大趋势顺理成章地让无数梦想者成为实践者和开拓者。

众筹，加速资源集聚。“众筹”是指筹集众人的资源来实现梦想。很多时候，一些伟大的梦想往往由于资金不足、赢利性不强等原因而无法让梦想之光照进现实。而专业的风投机构或者个人往往基于现实和理性的考量不愿意支持。放在以往，这些项目夭折的命运已经不可避免，但是互联网改变了这一切，普通民众取代了专业投资人的角色，投入自己的资本或其他资源，汇聚大众的力量来推动项目的落地，难能可贵的是，草根们这么做不一定是为了赚钱，可能仅仅是为了支持梦想，或者从事某项公益事业。“众筹”可以为普罗大众实现创业梦想，也可以从事原本由慈善机构进行的慈善事业，实现个人物质和精神的富足。

大数据时代带来思维模式创新

大数据不仅是一种技术，更是一场思想观念的革命。每一次技术革命不仅客观上推动生产力发展从而改变现实社会，更在主观上改变着我们的精神世界，让我们产生新的甚至是颠覆性的思维方式和价值理念。大数据是一个平等思维的时代，草根也可以成为精英；是一个扁平化思维的年代，人们需要快速做出反应，我们需要让听得见炮火的人来决策；是一个跨界思维的年代，开杂货铺的也可以开银行；是一个场景思维的年代，羊毛出在狗身上，猪来埋单；更是一个共享思维的年代，我的也是你的。

共享思维是大数据时代的核心思维。大数据时代倡导创客文化，而创客文化的核心前提是共享技术、工具与场所。一个典型的创客空间通常配备 3D 打印机、激光切割、数控机床等新型的生产设备以及各种生产工具。定义一个创客空间的并不是某种正式的组织结构，而是一系列与开源软件、硬件与数据等要素相关的共享技术、治理过程和价值观。创客空间使人们可以探索他们热爱的东西，并且能够得到社区成员支持的实体空间，这意味着在最大程度上提升自己的能力并且愿意分享。

从创客运动本身来看，其迅速发展的阶段是在 21 世纪，在多股力量的影响下，创客运动成为一股全球化浪潮并且催生了新一波硬件创业。其中一个关键的发展就是DIY内涵的变化。如今，在新工具、社区、开源文化、众筹机制、创客文化的共同合力下，DIY不仅意味着自己动手，也意味着依靠社区与公众的支持，任何人都有做出能推向市场的产品的可能性。创客往往在共享中互助，这样的互助精神体现了“协力”，体现创客在以自己兴趣爱好为基础的前提下，与他人合作和分享，从而完成创意到产品，更完成团队的“协力争先”。

新时代机遇助力创业扬帆起航

1984 年，联想的柳传志抓住了中国进入计算机时代和改革开放这两大重要机遇，开启了自己的创业人生，成为全球个人电脑的最大制造商。2000 年，以李彦宏为代表的几个年轻人也抓住了两大机遇，一是互联网时代的到来，二是中国加入世界贸易组织所带来的全面对外开放。正是抓住了这样的机遇，百度成为在证券市场比联想的总市值还高出 3 倍的全球知名互联网企业。

今天的我们也面临两大机遇，一是移动互联网和大数据时代的到来，二是中国全面深化改革的新历史阶段。站在大数据时代的风口，你是否做好迎风起舞的准备，成为百度第二，或者成为你自己的第一？

全面深化改革，为创业保驾护航。创新的核心是人才创新，人才创新的核心是制度创新。人才是创新的第一要素，但是人才要在一个良好的制度环境和政策环境中才能更好地施展拳脚。深化体制机制改革，有利于营造一个公平、开放、透明的市场环境，为创业者营造公平的竞争环境；有利于形成技术创新市场导向机制，促进企业真正成为技术创新决策、研发投入、科研组织和成果转化的主体；有利于培育壮大投资和资本市场，提高信贷支持创新的灵活性和便利性，形成各类金融工具协同支持创新发展的良好局面；有利于促进科研成果的转化，从创意到实现创业。制度创新的目标在于促进经济社会更好地向前发展，终极目标则在于促进人的发展，特别是人的创新性发展。

贵阳正全面深化改革为创业者营造良好的创业环境。一是简政放权和拓宽投融资渠道，为创业者营造良好的政策环境。简政放权，带给个人创业热情，带给企业创新活力。拓宽投融资渠道，降低个人创业门槛，促进大众创业、万众创新。二是打造众创空间，为广大创新创业者提供良好的工作空间、网络空间、社交空间和资源共享空间。众创空间有三大作用：促进思想交流与碰撞、促进创意向创业转化、促进创新政策出台。

目前，贵阳正倾力打造“中国西部众创园”，出台《创客十条》，在项目落地、项目运营、知识产权、项目融资、人才集聚、免费云服务、科技创新券、创业载体建设等方面对入园创客加以扶持。同时，贵阳还与中科院云计算中心、北京启迪孵化器、北京赛迪经略、科创投融资联盟、北京创客空间、爱奇清科 6 家机构的负责人签订了战略合作框架协议。“中国西部众创园”的各项工作正在有序推进，以 Flex 创客团队为主的“创客空间”在数博会上亮相，“启林创客空间”将在 2015 年生态文明（贵阳）国际论坛期间正式对外开放，并举办创客嘉年华活动。预计到 2015 年年底，“中国西部众创园”将聚集创客团队 50 个以上，聚集孵化企业 40 家以上，创客社区线上线下聚集创客达 1 万人以上。此外，贵阳高新技术开发区科技大厦内的火炬青年互助社区正紧锣密鼓地为创客主“创巢”，包括工作区、工作坊、青年公寓、综合服务区以及户外活动区域五个区域。贵州众创联盟成立，包括了创想+梦工厂、火炬青年创业互助社区等 7 家省内创客空间。

大数据发展为创业提供东风。“数据化的世间万物皆商机。数据化不是数字化。数字化是指把模拟数据转换成用 0 和 1 表示的二进制码；数据化则是指一种把现象转变成可制表分析的量化形式的过程，计量和记录一起促成了数据的诞生，它们是数据化最早的根基。数字化带来了数据化，但是数字化无法取代数据化。”[①]

大数据时代到来之前，人们存储的数据大多是自然数据、商务数据；大数据时代来临之后，世间万物包括文字、方位、沟通、行为等都可以被数据化。谷歌使用能识别数字图像的光学字符识别软件来识别文本的字、词、句和段落，如此一来，书页的数字化图像就转化成为数据化文本，缔造了一个现代的亚历山大图书馆。UPS（联合包裹速递服务公司）快递多效地利用地理定位数据和以往的行车经验数据为员工定制最佳行车路径，优化行车路线。Facebook（脸书，创立于美国的社交网络）2012 年拥有大约 10 亿用户，他们通过千亿的朋友关系相互连接，生成巨大的沟通数据。而现实生活中，随着“天眼工程”的实施，人们的行为数据也将被记录。这所有的数据，都将引发商业变革，创造极大的商机，为大众创业、万众创新提供最坚实的基础。但是，数据本身不是最大的价值点，最大的价值点在于应用数据的人能敏锐嗅出数据中蕴含的商机，嗅到的人就能够借大数据之风扶摇而上。大数据缔造的无限商机，让创业者站在机遇的风口上，当你

① [英]维克托 · 迈尔–舍恩伯格，肯尼思 · 库克耶. 大数据时代：生活、工作与思维的大变革[M]. 浙江人民出版社，2013 年 1 月.

“万事俱备，只欠东风”时，大数据这股东风便会直接将你送到创新创业的殿堂。

贵阳将发生什么——实现全面发展与转型

创新创业是颠覆旧常态、拥抱新常态的必要手段。贵阳在大数据时代的引领下兴起的大众创业、万众创新浪潮，在推动经济发展的同时也促进了绿色化发展，实现“绿水青山就是金山银山”，从而推动经济社会的全面发展与转型。不过，发展的终极目标不仅是要实现“天人合一”，更是要让人实现自我价值，促进人的全面发展。

经济效益：助推后发赶超

创新创业热潮不仅仅代表着个人的成功，同时标志着经济的无穷生命力。创新创业集聚的地方，一定是经济充满活力的地方。让创新成为驱动发展的新引擎，不仅是中国经济进入新常态的需要，也是在新一轮国际竞争中抢占制高点、力争创新优势的要求。

创新提升贵阳速度。创新是推动一个国家和民族向前发展的重要力量，也是推动整个人类社会向前发展的重要力量。凡是创新氛围浓厚的地方，经济都保持着快速发展，比如美国硅谷、北京的中关村。同样，贵阳后发赶超的动力也来自创新，富士康、惠普、吉利等一个个大品牌接连来到贵阳，同时贵阳取得与阿里巴巴、百度等公司的合作机会，中关村贵阳科技园核心区建设及其他园区的建设步伐明显加快，大数据产业发展风生水起。以新思路谋求新发展、以新眼光把握新机遇，今天的贵阳已站在了创新发展这一新的起点上，创新驱动成为贵阳高速发展的“加速度”，在提升贵阳发展速度的同时更推动贵阳实现后发赶超。

创业助推经济发展。从创意向创业转化促进了经济文化繁荣发展。创客是指利用开源硬件和互联网将各种创意变为实际产品的人，他们将制造业搬到了自己的桌面上，电子服装、健康手环、智能手表、导电墨水、食物烹饪器等，用户能想象到的产品都有可能在创客手中实现。创客在带有加工车间和工作室功能的创客空间里将创意变成产品原型，即实现从 0 到 1。对很多中国人而言，创客还是个较为陌生的概念，但其凭借蓬勃生命力和强劲发展势头，正在悄然影响着传统制造业。许多创客空间在产品设计和原型创意基础上，还衍生了兼具产品孵化和企业孵化的功能，在这里不仅可以实现从 0 到 1 再到 100，即从创意到产品原型再到小批量产品，还能给创客提供创业场地、管理培训、投融资、渠道销售等服务。在用户体验和互联网的推动下，创客产品成为个性化定制商品；也有小部分创客产品经过市场检验获得了大众认同，成为工业化生产的大众商品。无论哪种形式，都完成了从创意向创业的转化过程，这种转化也促进了经济文化繁荣发展。

完善工业体系，促进山寨企业转型，推动经济发展。2013 年 11 月，英国《经济学人》刊发的“中国制造”文章让中国的创客成为焦点。该文指出，中国创客的力量不可小觑，其潜在的优势就是他们与所谓的“山寨制造体系”密切联系。企业之所以山寨是因为没有设计和创意，依靠模仿他人产品来生产制造，而创客恰恰是设计和创意的源泉和载体。在互联网时代，软件开源和硬件开源给中国企业提供了难得的平等创新机会。若能将创客的设计和创意嫁接于低端仿造企业，让创客的巨大创造性和制造需求与山寨企业完备的供应链资源和制造能力优势互补，或许能迸发出惊人的能量，这未必不是山寨企业转型的一条出路，而山寨企业的转型也必将推动经济发展。

人才是发展的第一资源，“创客贵阳”集聚大量创客，在他们为实现自我价值而拼搏的同时，也能实现其社会价值，有利于贵阳创新创业文化氛围的营造，助推贵阳经济社会全面发展，走出一条创新的后发赶超之路。

生态效益：促进绿色化发展

“绿色化不等于绿化，绿色化是在生产和生活方式上循环、绿色、低碳发展。从狭义的层面上讲，绿色化应该涵盖三个方面，即资源节约、污染控制和生态保护。”[1]资源节约要求我们减少对自然资源尤其是不可再生资源的消耗，提升资源利用效率，使自然资产得以保值增值。污染控制要求我们减少有害废弃物的排放，在生产的源头、过程

① 刘毅.实现绿色化　挑战还很大——访中国社科院城市发展与环境研究所所长潘家华[N].人民日报，2015年4月5日.

和终端三管齐下，实现零排放或近零排放。生态保护则要求我们保护湿地、湖泊、海洋、森林等自然生态系统，保护生物多样性。绿色化对于全面建成小康社会和生态安全有着十分重要的战略与现实意义，对工业化、城镇化、信息化、农业现代化的实现，有着重要的引领和检测价值。

创新驱动绿色化生活。制度创新与法律约束并重，倡导绿色生活方式，给每个人的心灵播进一颗“绿色的种子”。良好的生态环境是最普惠的民生福祉，中国政府积极探索绿色化发展道路，进行一系列制度创新，倡导绿色化发展。党的十八大把生态文明纳入中国特色社会主义事业“五位一体”总布局的战略决策；十八届三中全会提出加快建立系统完整的生态文明制度体系的部署；2015 年 4 月 25 日，中共中央、国务院提出“绿色化”发展，培育绿色生活方式，倡导勤俭节约的消费观。广泛开展绿色生活行动，推动全民在衣、食、住、行、游等方面加快向勤俭节约、绿色低碳、文明健康的方式转变，坚决抵制和反对各种形式的奢侈浪费、不合理消费。积极引导消费者购买节能与新能源汽车、高效能家电、节水型器具等节能环保低碳产品，减少一次性用品的使用，限制过度包装。大力推广绿色低碳出行，倡导绿色生活和休闲模式，严格限制发展高能耗、高耗水服务业。在这一背景下，贵阳为了保障和促进生态文明城市建设，实现经济社会全面协调可持续发展，根据有关法律、法规的规定，结合实际制定了《贵阳市建设生态文明城市条例》。通过制度创新与法律约束，首先在观念上倡导人们生活绿色化，相信在不久的将来，人们就会形成绿色化价值共识、价值追求和价值引领。

创新驱动绿色化生产。从“棕色化”到“绿色化”发展。创新驱动生产方式绿色化，提高经济绿色化程度，有利于降低发展的资源环境代价。如果说传统工业化是高消耗、高排放、高污染的“棕色化”发展，那么经济发展新常态则意味着我国经济将步入低碳、绿色、循环的绿色化轨道。起初，植树种草、防治土壤沙化盐碱化、治理水土流失等是绿色化的主要内容。随着工业化快速推进，资源被大量消耗，废弃物被大量排放，于是污染控制和资源节约被纳入绿色化议程中。传统工业化的绿色化手段，就是提高效率和加强工程治理。这样确实能使单位GDP的物耗、能耗和排放下降。然而，随着生产规模的扩大，环境污染仍呈增速趋缓、总体恶化的态势。在“金山银山”的诱惑下，在规模速度型粗放增长的惯性思维支配下，很多地方靠山吃山、有水快流，最后的结果是坐吃山空、水污流断。按工业化思维定式建设的一些污水处理设施等，也存在运行能耗高、治标不治本等问题。贵阳坚持走创新驱动发展之路，大力发展科技创新，聚焦大数据发展和生态文明示范城市建设，在“金山银山”和“绿水青山”的双赢之路上“摸着石头过河”，正逐渐探索出一条全方位绿色化生产的发展道路。

从“碎片化”到“集聚化”发展。如果说传统工业化的规模速度型粗放增长使绿色化呈现碎片化，那么在经济新常态下寻求品质增长、内涵提升的质量效率型集约增长，能促使绿色化融入生产生活的各个方面，与新型工业化、城镇化、信息化、农业现代化互促共进、相得益彰：工业化是全过程的绿色化，从原料—生产过程—产品加废弃物的线性生产方式转变为原料—生产过程—产品加原料的循环生产方式，而且源头、生产过程和产出全面绿色化；城镇化是全方位的绿色化，不仅注重发展绿色交通、绿色建筑、绿地空间，而且注重城市空间格局和运行机制的绿色化，均衡配置公共资源，保障城市绿色生产、绿色运行；将绿色化融入农业现代化，应防止过度机械化、化学化（大量使用农药和化肥），防治土壤污染，保障粮食安全、食品安全，增强农业生物多样性保护和自然生态系统维护的功能；将绿色化融入信息化，则要求信息生产设施运行、信息网络构建和信息内容的绿色低碳。

社会效益：推动人的全面发展

创新创业是实现社会价值的重要基础。我们对教育本质、教育功能真谛的认识，不仅是让每个人通过教育获得更好的生活品质和发展前景，更是要树立一种民族精神，这个精神是创新精神、进取精神、敢为人先的精神。大众创业、万众创新有利于培养创新创业精神，特别是各高校正顺应时势，加快培养规模宏大、富有创新精神、勇于投身实践的创新创业人才队伍。

稳定增长促进就业。稳增长为的是保就业，创新创业是稳增长保就业的重要基础。中国能否跨越中等收入陷阱，创新创业在其中扮演着重要角色。大众创业、万众创新是富民之道、强国之举，有利于产业、企业、分配等多方面结构优化。面对就业形势日益严峻，必须着力培育大众创业、万众创新的新引擎，实施更加积极的就业政策，把创业和就业结合起来，以创业创新带动就业，进一步释放创业带动就业倍增效应，催生经济社会发展新动力，促进民生改善、经济结构调整及社会和谐稳定。

创新创业是实现自我价值的快捷路径。自我实现需求是人类最高层次的需求。马斯洛的需求层次理论将人的需求从低到高分为 5 种，生理需求、安全需求、社交需求、尊重需求和自我实现需求。自我实现需求处在金字塔的最顶端，是人的终极需求，也是个人的终极奋斗目标。实现自我价值是指个人理想、抱负得到实现，个人的能力得到最大程度发挥。我们每个人都是梦想家，或者你想成为爱因斯坦、牛顿、袁隆平那样的科学家，或者想成为爱迪生、瓦特那样的发明家，或者想成为比尔·盖茨、马云、李彦宏那样的创业者……无论你想成为谁的第二甚至开创你自己的第一，都要具备创新性思维，具备创业的勇气和韧性。随着大众创业、万众创新的浪潮席卷而来，随着大数据时代开辟的无限商机，抓住机遇就有可能实现自我价值。机遇留给有准备的人，成功属于不墨守成规的人。创新创业是实现自我价值的快捷途径，而你的勇气、激情与韧劲则是实现自我价值的重要保障。

第三篇 坚定大数据引领：在双赢中彰显示范

第七章 “中国数谷”的绿色崛起

21 世纪，我们已经进入一个快速变革的时代，世界正在以超出我们想象的方式发生剧变。随着信息的爆炸性增长和科学技术的不断突破，人类文明已经悄然从IT（信息技术）时代迈入了DT（数据处理技术）时代，而DT时代的绝对主角——大数据，也正式走向世界舞台，席卷全球。近年来，为了迎接数据革命的到来，主要发达国家已经开始将大数据纳入国家层面进行战略部署。可以说，在DT时代，谁抓住了大数据，谁就抓住了未来。“中国数谷”就是在这样的背景下发展起来的。

大数据战略策源地

目前在中国，不论是中央还是地方，不论是官方还是民间，都已经充分认识到大数据的重要战略意义。西部欠发达的贵阳，在思想层面上形成大数据战略共识，更为重要的是，在这里大数据已经从思想变成了实践，并且贵阳在实践中抢占了未来发展的战略制高点，成为中国甚至全球大数据战略的策源地。

Where——最前沿的大数据生长在欠发达的贵阳

机遇总是喜欢有准备的人，同样，机遇也会垂青有准备的城市。欠发达的贵阳之所以能够成为大数据的战略策源地，一方面是因为大数据不以经济发展水平作为准入门槛和选择标准；另一方面则是因为贵阳结合自身的良好条件，做了系统、充分、全面的规划和准备。接下来，贵阳作为大数据战略策源地，将会站在大数据时代的风口浪尖，引领未来发展趋势，推动时代创新变革。

创新，在这里萌芽。创新是大数据发展的源动力，抓创新就是抓发展，谋创新就是谋未来。大数据产业发展唯有不断创新，始终站在技术发展和市场需求变化的前沿，才能跳出藩篱突破自我，成为永续前进的新星。今后，贵阳在推进大数据发展的过程中，经过持续不断的创新，将会出现更多的新思路、新制度和新技术，而这些创新成果将会从贵阳传递到全国甚至全球，影响大数据未来的发展方向和进程。

战略，在这里形成。把大数据作为一个省、一个城市的发展战略，贵州、贵阳是首例。而这一战略的形成，有赖于科学制定顶层设计和发展规划，这样才能保障创新顺利转化成实践。针对当前大数据发展这一重大机遇，贵阳不仅在创新方面有了诸多新突破，更为重要的是在顶层设计和发展规划方面也走在了全国前列。贵阳认真贯彻落实贵州省人民政府印发的《关于加快大数据产业发展应用若干政策的意见》和《贵州省大数据产业发展应用规划纲要（2014—2020年）》文件精神，结合近几年大数据产业发展的实际情况，制定了《贵阳大数据产业行动计划》，明确了贵阳大数据产业的发展定位、目标以及重点，确保贵阳大数据产业能够有序健康地发展。作为大数据产业发展的策源地，贵阳关于大数据发展的顶层设计和规划对于其他地区具有重要的借鉴意义。

规则，在这里成熟。规则是大数据发展的执行力，大数据产业的发展并不是无序的，而是要遵循一定的规则。只有依规而行，大数据产业的发展才能少走弯路，顶层设计和发展规划才能真正得到执行。而从目前来看，规则究竟是什么，要遵循哪些规则，我们并没有明确的定论，而这恰恰就是贵阳作为大数据策源地的责任和意义所在。贵阳就是要在大数据发展的过程中不断探索，不断试验，逐步总结出大数据产业发展的相关规则，逐步探索出大数据产业的发展模式和发展路径，并基于这些规则，推动大数据的快速发展和跨越发展，真正实现数据改变生活，数据改变世界。

Why——天时地利人和

最前沿的大数据为什么生长在欠发达的贵阳？不仅仅是因为贵阳

自然条件良好，也不仅仅是因为贵阳基础设施配套完善，还因为贵阳有着合适的创新土壤、创新意识、创新环境和创新精神。具体说来，为什么贵阳会成为大数据战略策源地，答案是：天时，地利，人和。①

何谓天时？简言之，就是贵阳站在了大数据时代的风口浪尖。

重视大数据发展战略既符合当前的时代发展潮流，也符合我国大数据发展的宏观政策环境。在发展潮流方面，近年来，大数据开始在世界范围内得到了高度重视，众多发达国家积极规划部署，开始抢占大数据发展的战略制高点；众多企业开始将目光聚焦在大数据的创新和应用方面，致力于在大数据这一领域抢占一席之地；全社会对大数据的关注度持续升温，开始想象大数据如何改变人们的生活。在宏观政策方面，《“十二五”国家战略性新兴产业发展规划》提出要支持海量数据存储、处理技术研发与产业化；2013 年年初，为促进我国数据中心合理布局和健康发展，工信部等五部委联合下发《关于数据中心建设布局的指导意见》，明确了数据中心的地区分类和规模划分，并在科技和产业化方面支持了一批大数据相关项目；2015 年李克强总理在《政府工作报告》中进一步提出，要“制定‘互联网+’行动计划，推动移动互联网、云计算、大数据、物联网等与现代制造业结合”，大数据开始在国家层面进行规划和设计。

面对这样一个千载难逢的机遇，贵阳认识超前、思维超前、行动

① 发展大数据产业　贵阳天时地利人和. 新华网，2014 年 4 月 10 日.

超前，在别人难以置信的惊讶声中果断地抓住了机遇，赢得了未来。可以说，大数据是贵阳坚守两条底线、探索双赢之路的战略决策；也是贵阳发挥后发优势，实现后发赶超的创新路径；还是贵阳认识新常态、适应新常态、引领新常态的重大探索和实践。

何为地利？大数据中心的建设对当地的电力和冷却能力要求很高，而且数据中心的容量增长受场地、空间的制约也较为明显。目前，我国数据中心主要集中在沿海地区，高能耗、高致热是数据中心面临的两大难题；由于能源成本不断增加，沿海地区的电力供应也日趋紧张。然而，贵州、贵阳却有着丰富的配套资源，水、电等能源十分充足。贵阳引入中关村资源后，在发展大数据产业的过程中，逐渐补齐了人才、科技、金融等要素方面的不足，使大数据产业从基础设施到市场需求转化。此外，贵阳的地形非常适合发展大数据。贵阳是“三无”城市，无地震、无风灾、无冰雪，对于大数据产业的发展十分有利。

何为人和？天时不如地利,地利不如人和。贵阳大数据的发展得益于政府、社会、普通百姓的参与和支持。

贵州、贵阳十分看重发展数据产业的战略规划。2014 年年初，贵州、贵阳分别制定出台《关于加快大数据产业发展应用若干政策的意见》、《贵州省大数据产业发展应用规划纲要（2014—2020 年）》、《贵阳大数据产业行动计划》，对大数据产业进行顶层设计和总体规划。

同时，为加强人才队伍建设，贵州、贵阳全面搭建人才创业平台，营造人才创业环境，引导大数据人才来黔创业和就业，并且在税收、购房补贴、就医、子女入学等方面给予最大程度支持。在高校层面，掘金“大数据”产业，贵州本土高校已经先行一步。例如，贵州师范学院启动首届“大数据”专业本科毕业实习工作等。齐心协力，多方联动，贵州、贵阳大数据产业发展呈现出“众人拾柴火焰高”的局面。

此外，贵阳“知行合一”的人文精神也是“人和”的又一重要内涵。贵阳大数据能够在短时间内创造出五个全国第一，从中折射出贵阳人民的凝聚力，而这种精神也将在未来贵阳大数据产业的发展过程中发挥重要的支撑作用。

How——“大数据革命”如何生根发芽

大数据发展，关键是要有依托，能落地。贵阳以中关村贵阳科技园为统筹，以贵安新区大数据基地为重要载体，以重大项目和龙头企业引进为主要抓手，以市场需求的统筹开发和数据资源开放为切入点，实现了大数据的生根发芽。

统筹平台——中关村贵阳科技园。中关村贵阳科技园是两个“国家级示范”的强强联合，是创新创业生态系统和自然生态系统的“双生态系统”的完美结合。随着“科技因子”的注入，中关村科技园正成为贵阳传统产业提档升级的“新引擎”，也逐步成为贵阳大数据产业发展的统筹平台。依托中关村贵阳科技园这一平台，建立与国内外技术创新领先地区的长效交流合作机制，尤其是加强与北京市政府和中关村管委会的战略合作关系，加强中科院软件所贵阳分部贵阳信息技术研究院、中国技术交易所贵阳工作站、首都科技条件平台贵阳合作站、北京技术市场贵阳服务平台等科研建设。通过发挥中关村贵阳科技园统筹平台的作用，贵阳的大数据产业将会迎来一场抢占先机、赢得主动的模式变革，也将会形成一种创新突破、百花齐放的发展氛围。

重要载体——贵安新区大数据基地。2014 年，经国家工信部批复同意，全国首个国家级大数据产业集聚区落户贵州贵阳 · 贵安新区。作为全国首个国家级大数据产业发展集聚区，贵阳 · 贵安新区承担了我国大数据产业发展战略策源地的使命，同时也担负着大数据产业实践创新的责任。为了更好地促进大数据产业的发展，贵阳 · 贵安新区将在发展中不断得到完善，如要建立健全促进大数据产业集聚的动力机制和激励机制，构建具有贵阳特色的大数据产业集聚发展制度和政策体系；促进大数据与产业发展相融合，构建相对完善的大数据产业体系；集聚全球高端大数据要素；加强信息基础设施建设，促进大数据与民生领域的有机融合，等等。

主要抓手——重大项目和龙头企业。重大项目和龙头企业是大数据产业发展的主要抓手。只有通过布局重大项目和扶持龙头企业，才能大力实施创新驱动发展战略，推动产业层次向高端迈进，推动经济提质增效。

目前贵州、贵阳在重大项目布局和龙头企业发展方面已经取得显著成绩。2013 年，三大电信运营商数据中心和富士康第四代绿色产业园落户贵州。三大电信运营商的储存服务器是中国最大、居全球前列的数据产业基地，这样高密度、优布局的产业集群必将助推贵州、贵阳成为中国大数据产业的领跑者。而云计算、大数据等新技术在贵阳的普及应用，将有力助推贵阳的经济社会实现科学发展和后发赶超。目前，贵阳已聚集了百度、京东、亿赞普、用友、曙光、浪潮、天云、中金数据等 100 余家大数据企业，以及新浪、搜狐、奇虎等一大批互联网领军企业，与之携手，贵阳将探索出集技术性与基础性研发服务于一身，贯穿数据存储、应用技术及研发的大数据产业发展新兴模式。

切入点——数据市场的开发和数据资源的交易。数据开放是大数据发展的必然趋势。数据市场的开发和数据资源开放交易是大数据产业发展的重要切入点。“未来数据将会像土地、石油和资本一样，成为经济运行中的根本性资源。”[①]在政府允许的数据隐私保护条例下，未来大数据将会作为一种资产存在，并将诞生出一个万亿级别的交易市场。

数据只有在流动中才能实现价值，而数据开放和数据交易是数据流动的重要环节。一方面，数据开放可以推动政府的改革进程和提高

① ［英］维克托 · 迈尔–舍恩伯格，肯尼思 · 库克耶. 大数据时代：生活、工作与思维的大变革［M］. 浙江人民出版社，2013 年 1 月.

社会运行效率。比如，政府数据资源向社会开放和利用，已经成为政府治理透明化、社会管理扁平化、公共服务多元化的创新手段；通过整合各方公开数据，有利于建立基于大数据的城市规划，提高社会运行效率。另一方面，大数据交易平台，让信息不再是一座座“孤岛”，通过数据交易可以解决当前“巧妇难为无米之炊”的困境。2015年4月14日，贵阳大数据交易所正式挂牌运营并完成首批大数据交易，成为全国首个大数据交易所，开启了大数据产业链中数据交易的“贵阳模式”。

块数据催生“中国数谷”崛起

大数据正在改变着人们对世界的看法，而块数据解决的是如何去改变的问题。从数据到数聚，这是块数据的起点，数据是分散的、碎片化的，当它们聚合在一起时就产生了“块”。从解构到重构，这是块数据的内在机制，每一次解构都会产生新的结构。从多维到共享，这是块数据的价值。块数据发源于贵阳，随着块数据的不断重构与逐步共享，贵阳大数据产业也迎来了爆发性的增长，在此背景下，“中国数谷”开始崛起。

“中国数谷”就是以大数据产业为核心的高新技术产业聚集区，数谷的崛起将带来新一轮产业变革。贵阳把握“互联网+”的发展先机，在“中国数谷”的崛起中实现了“五个第一”，即中国首个大数据战略重点实验室、中国首个全域公共免费Wi-Fi城市、中国首个块数据公共平台、中国首个政府数据开放示范城市、中国首个大数据交易所。

高端战略智库——中国首家大数据战略重点实验室

面对发展的新机遇、新挑战和新任务，北京市科学技术委员会和贵阳市人民政府共同建立大数据战略重点实验室。这是继中关村贵阳科技园、北京·贵阳大数据应用展示中心之后，京筑创新驱动区域合作的又一重大成果，也是中国首家大数据战略重点实验室（以下简称“实验室”）。

实验室依托贵阳创新驱动发展战略研究院建立和运行，以贵阳研究院与北京国际城市发展研究院的长效协同创新作为平台支撑，通过跨学科、跨行业、跨地域的跨界思维，为大数据战略协同创新研究奠定了坚实基础。实验室将聚集国内外大数据相关专业研究者、管理者和决策者，发挥独立、客观、公正、持续的科学精神，立足全球大数据发展趋势和中国大数据发展实践，以大数据发展的重大理论和现实问题为主攻方向，加强大数据发展全局性、战略性、前瞻性研究和咨询，构建“块数据”理论模型和应用模型，搭建开放式协作创新平台、专业化决策咨询平台、网络化成果转化平台和国际化合作交流平台，打造中国大数据发展战略和思想策源地，努力建成具有较大影响力和国际知名度的大数据高端战略智库。

实验室将聚焦创新驱动发展战略研究，形成一系列以大数据为引领的创新驱动发展战略研究成果。目前已出版《块数据》、《DT时代》、《创新驱动力》等著作。

全天候全覆盖——中国首个全域公共免费Wi-Fi城市

数据的条块融合，才是真正意义上的大数据。贵阳建设的“701项目”是全域公共免费Wi-Fi城市与城市云计算中心和大数据总线项目，运用互联网思维来经营和发展，通过建设高质量、广覆盖的Wi-Fi热点和传输网络，形成消费人群上网的主入口，聚集访客量和浏览量，实现块数据的集聚。为此，贵阳将率先在全国推进块数据的开发和平台建设，建设城市公共免费Wi-Fi覆盖系统。块数据理论提出数据之间是相互关联的，关联度越高，数据的价值就越高。Wi-Fi系统让数据产生新的价值，对于发展大数据云服务和智能终端等高端产业，提升通信基础设施服务能力，大力推进“智慧贵阳”、“下一代互联网应用”等众多项目，乃至推动贵阳大数据产业发展都具有重要意义。

“701项目”采取政府指导、商业化运作的模式，主要由一条覆盖城市全域的通信管道、一张覆盖城市全域的光纤传输网络、一个覆盖城市全域的无线免费Wi–Fi系统构成，全城全覆盖、全天候免费使用，集合广告屏、触摸屏、手机充电桩、AP热点等功能，建立政府公益、广告宣传、应急发布、信息服务、Wi–Fi覆盖等一体化设置。

同时，网络独立于中国电信、中国联通、中国移动三大运营商，通过特许经营等方式，降低管道、光纤等基础设施的建设与运营成本，建成贵阳的大数据库，通过分析用户行为和数据，挖掘提炼数据价值，最终形成可用于交易的大数据产品。

块上集聚——中国首个块数据公共平台

块上集聚的大数据公共平台，主要是基于用户行为数据、企业数据、社交平台数据、政府部门数据等各类“条数据”和传感设备，在统一的平台上进行开放共享，在一个区域聚集为“块数据”。通过推进条块数据融合的发展，实现块上数据与经济、社会、政府的各行业数据关联。

按照《贵阳大数据产业行动计划》，贵阳将大力推进工信部中国软件测评中心、电信研究院、中国电子技术标准化研究院、北京软件质量检测中心、赛宝认证等第三方权威机构的大数据公共服务平台项目和分中心落地贵阳，建立大数据产业认证、测试、检验、信用评估、信息服务等公共服务平台，未来将重点规划建设以下几个平台。

数据铁笼平台。2015 年 1 月，贵阳为了规范制约权力而实施的“数据铁笼”行动计划，就是一个块上集聚的公共平台，通过“用数据说话、用数据决策、用数据管理、用数据创新”的管理机制，推进管理型政府向透明、高效、廉洁的服务型、责任型政府转变，进一步提高政府行政效能。

数据禁毒平台。由于经济发展水平、人口结构、区位环境等多重因素，贵阳历来是中国毒品的重灾区，禁毒工作形势十分严峻。数据禁毒平台的建立将实现全面整合堵源截流系统、禁毒情报信息系统、“阳光工程”信息采集系统、吸毒人员管控系统、易制毒化学品监管系统等情报信息、数据和资源，搭建统一的禁毒情报平台。同时依托大数据，建立起打击毒品犯罪的情报信息网和防范毒品犯罪的社会管理网，实现广泛采集、信息共享、关联应用。

数据健康平台。2015 年，贵州发挥自身生态环境和自然资源优势，因地制宜地发展健康产业，将大健康医药产业作为战略性新兴产业重点发展。贵阳计划构建“贵阳新医药产业圈”，壮大区域特色医药集群，构建“黔中综合健康养生圈”，形成一批生态体验、文化体验组团，打造“冬去海南、夏来贵阳”的旅游度假模式。未来贵阳将着力推动大数据与健康生活方式的结合，重点发展远程医疗、可穿戴设备、健康咨询等新兴产业。打造数据健康平台，可以深入研究和分析公共与社会医疗资源的配置情况、市民的医疗就诊状况、不同年龄和阶层人群的健康状况等数据，对于卫生保健、健康促进、疾病预防和治疗有着重大的指导意义。

数据敬老平台。从 20 世纪 90 年代开始，中国老龄化进程加快。搭建数据敬老平台能整合各个分散的社会养老资源，打造没有围墙的养老院，实现对老人健康指标和生活起居的日常监测，并将数据实时传递到社区医疗服务中心，对老人给予全天候关怀。通过对相关数据的分析，可以研究出更适合贵阳本地的养老模式，有利于创新养老模式、整合养老资源、集聚养老人才队伍，有效解决当前日趋严重的养老、敬老问题。

数据慕课平台。数据慕课平台以在线教育平台为基础，一方面，通过共享，可以让学习者随时随地共享世界名校、顶尖学者的精彩课程；另一方面，慕课平台通过记录鼠标点击对学习者进行数据采集、分析和使用，研究学习者的活动轨迹，发现不同的学习者对不同知识的需求，有利于在线平台不断完善讲述方式和优化学习工具。同时通过数据分析掌握学习者的学习规律，预测学习者的学习行为，帮助教学过程评估学业成绩、预测未来表现、发现学生潜能和存在的问题。

数据智游平台。数据智游平台可以利用云计算、物联网等新技术，通过互联网、移动互联网、便携式终端设备，主动感知旅游资源、旅游经济、旅游活动、旅游者等方面的信息，让人们能够及时了解和利用相关信息，及时安排和调整出行计划，同时还可以整合一些旅游资源，为广大游客量身定做特色化的旅游产品。数据智游平台的建设将会在贵阳旅游管理、旅游服务、旅游营销等方面发挥重要的作用。

云上贵州——中国首个政府数据开放示范城市

“云上贵州”是贵州为推进政府数据资源整合、共享、开放和利用，推动大数据产业发展，自主搭建的云计算系统平台，也是全国首个省级数据统一管理、交换、共享的云服务平台。在这一平台上，可以进行跨领域的数据交换，对数据的存储、计算、带宽实现集约管理，节约资源，提升效率。平台依托贵州通信运营商IDC（互联网数据中心）机房，购置国产服务器、交换机等设备，采用阿里飞天云技术构建弹性计算集群、开放存储集群、负载均衡集群、关系型数据库集群。单个平台基本集群可提供5万台云服务器，20P（拍字节）关系型数据库存储空间，100P开放存储空间。

目前，“云上贵州”系统平台主要面向省内外政务部门和企事业单位提供云计算、云存储和宽带资源等服务。服务范围包括基于国家电子政务外网的各类政务应用系统、基于互联网公共服务的各类应用系统。该平台上线后，将正式为贵州省工业云、智能交通云、食品安全云、智慧旅游云、环保云、电子商务云、北斗位置云、电子政务云等“7+N”云工程提供云服务。

2014年10月，“云上贵州”系统平台正式开通运行。“7+N”云工程示范项目开始面向企事业单位提供服务。计划到2017年，“云上贵州”系统平台将面向全国提供服务，在关键支撑技术公共服务平台上集聚一批具有全国领先优势的企业，集聚30家以上云平台龙头企业，集聚约500家左右数据增值服务企业，50家以上端产品制造企业，形成大数据全产业链，通过大数据带动相关产业规模达到3 000亿元。

大数据产业链——中国首个大数据交易所

2015年4月，全国首个大数据交易所——贵阳大数据交易所正式挂牌运营并完成首批大数据交易。交易所注册资本金为5 000万元，主要股东包括贵州阳光产权交易所、九次方大数据公司、北京亚信数据有限公司、郑州市迅捷贸易有限公司和贵阳移动金融发展有限公司。大数据交易所按照股份制公司架构运营，以市场化运作为导向，交易所秉承公开、公平、公正的原则，以电子交易为主，通过线上大数据交易系统，让关联客户进行数据交易。作为全国乃至全球第一个大数据交易所，交易所汇集大数据方面的机构和尖端人才，开展大数据资产交易、大数据金融衍生数据的设计及相关服务、大数据清洗及建模等技术开发、大数据相关的金融杠杆数据设计及服务等业务，变大数据为大数据资产，实现自由流通。交易所将积极发挥数据质量认证、数据格式标准化、数据金融工具的作用，为数据商开展数据期货、数据融资、数据质押等业务，建立交易双方数据的信用评估体系，增加数据交易的流量，加快数据的流转速度。

大数据交易所开启大数据产业链的“贵阳模式”，将积极发挥贵阳在大数据领域的政策优势、数据清洗建模优势、数据金融衍生品设计的优势等等，连通大数据的供需双方，让数据之间互相碰撞，产生核聚变的结果，服务全球，让数据变成影响政府决策、企业经营的第一决策要素。结合贵州在大数据方面的发展战略、资源优势、政策优势，大数据交易所将优先采集贵阳企业用电数据、医疗数据、企业经营数据等，进行数据的清洗、脱敏、建模、分析工作，为贵阳各产业的转型升级提供数据支持，塑造在中国大数据产业领域的影响力和话语权，加快中国大数据聚集中心、互联网金融中心、大数据金融中心的建设。

共创国家级大数据产业发展集聚区

随着贵阳·贵安成功获批成为首个国家级大数据发展集聚区，贵州省在全国首创国家级大数据产业发展集聚区的工作就拉开了序幕。

协同创新：从“互补”到“互利”

健全协同创新机制，加强组织领导。建立领导小组，建立联席会议制度，下设办公室和若干专项工作小组，明确相应的职能分工，负责落实和组织实施相关具体事宜。领导小组联席会议及其工作组具体负责制订集聚区建设的中长期规划和行动计划；组织集聚区中重大创新项目的合作和攻关；确定集聚区内共同建设的重点创新基地[①]；争取国家对集聚区的创新体系、协调合作以及重大项目的支持；协调和规范集聚区内相关的鼓励政策；建立跨区域的信息平台、技术及产权交易平台；培育区域性高层次科技管理和科技中介人才；开展区域性创新活动和对外合作、交流；组织大数据产业集聚区创新论坛和战略、政策研究；建立多元投入的区域创新基金和成果转化基金；定期组织领导小组会议，协调处理大数据产业推进过程中遇到的突出问

① 重点创新基地包括机构和园区等。——编者注

题，进一步加强和发挥大数据产业领导小组的作用，统筹全省大数据产业发展及应用。

整合协同创新资源，加强区域合作。建设信息平台，实现贵州、贵阳 · 贵安新区关于大数据产业工作信息的互通、互动、互用。充分利用创新优势和政策支持，在集聚区内整合园区资源，优化空间布局，走“一区多园、一园多基地”的路子。引导和调节新增投资，通过集聚区建设优化贵阳 · 贵安新区产业布局，强化地区支柱产业，培育战略产业，形成企业制度的创新中心，通过产业整合、要素优配、制度建设等，使各种资源向优势企业、优秀企业家集中。以中关村贵阳科技园为统筹，建立与国内外技术创新领先地区的长效交流合作机制；落实中关村等地区大数据企业落地项目优惠政策，鼓励贵阳本地企业与中关村等地区大数据企业进行多层次的合作，推进大数据技术合作进程。

依托贵安新区电子信息产业园、中关村贵阳科技园，深入推进与北京市、长三角、珠三角等区域的合作，瞄准大数据前沿技术和应用，吸引在中关村等地从事大数据应用研发和运营的创业团队、研究机构、产业组织到贵阳 · 贵安新区落户，提升大数据创新资源聚集度。

共建协同研发平台，提升科技贡献度。加强中科院软件所贵阳分部贵阳信息技术研究院、中国技术交易所贵阳工作站、首都科技条件平台贵阳合作站、北京技术市场贵阳服务平台等机构建设；加快中科院软件所贵阳分部贵阳信息技术研究院、贵州大学贵阳创新驱动发展战略研究院、贵州省大数据产业发展研究院、贵州大学—天津大学大数据联合研究中心、健康大数据科学研究中心等科研机构在大数据关键技术领域的研发和应用。推进高校科研成果产业化转移，推进中关村等地区大数据自主创新成果产业化转移，缩短“孵化器”到“生产线”的直线距离，提升科技进步对经济增长的贡献度。

协同拓宽资金渠道，加强资金保障。设立“大数据产业发展资金”、“云计算创业投资基金”和“呼叫中心产业发展资金”，每年财政资金投入总量不低于5亿元。贵阳综合应用无偿支持、股权投资、担保贷款、贷款贴息等方式，重点支持大数据、云计算等重大应用示范类和创新研发类项目。引导各类风险投资机构加大对大数据产业的投资力度，鼓励金融机构为符合条件的大数据企业提供贷款，拓宽大数据企业融资渠道，多渠道落实产业发展资金。

融合创新：从“聚变”到“裂变”

建设大数据产业集聚区，必须以融合创新为桥梁，聚焦“聚变”，实现“裂变”。要积极培育集聚在城市特定空间的大数据产业实体，在集聚生产要素、优化资源配置、加快制度创新、营造产业生态环境等方面发挥引领作用，实现大数据产业的集约化发展。

贵阳·贵安新区确立了建设“三中心一枢纽”、打造四大特色优势产业板块的发展思路，大力建设数据存储中心、数据加工中心、数据服务和应用中心以及国家互联网骨干直联点，打造特色优势产业板块。贵阳 · 贵安新区通过加速培育和引进龙头骨干企业，孵化培育专精特新型中小微企业，形成大企业引领，中小企业配套的相互支撑、协同合作的专业化分工体系，并通过产业板块的资源共享，带动相关联的产业发展，从而带动产业集群的形成。目前，贵安新区大数据产业孵化园签约和落地企业超过 200 家，其中规模以上企业 43 家。[①]

大数据产业集聚区不仅仅是企业在空间位置上的集聚，更多的是通过大数据与相关产业的融合，实现产业的升级与创新。凭借大数据的东风，贵阳 · 贵安新区结合国家“互联网+”计划，构建相对完善的大数据产业体系，探寻传统产业创新转型的突破口。大数据产业体系以依托大数据发展的战略性新兴产业和现代服务业为主体，主要包括大数据信息产业、电子信息制造业、软件和信息服务业、通信和广电网络、电子商务、信息类产品销售、大数据产业投资等，这既与国家对新区的定位相符，也是大数据产业发展集聚的基本方向。

制度创新：从“放权”到“还权”

“放权”是构成市场化改革的前提，“还权”是政府改革的开始。贵阳以简政放权、还权于民、还权于市场为突破口，建立健全理论、金融、政策与法规四大体系，为共创国家级大数据产业集聚区提供基本保障。

完善大数据理论体系，为共创集聚区提供理论支撑。推进大数据

① 贵安新区申报创建长江经济带数据中心. 贵阳日报，2015 年 5 月 8 日.

战略重点实验室的建设，深化块数据的理论研究；成立国际块数据理论研究学会；设立块数据理论研究专项课题和经费；举办块数据理论研究讲坛；出版块数据理论系列丛书；加强块数据理论系统宣传；研究制定大数据产业统计指标体系和“两化”（信息化、工业化）融合发展指数、信息消费总量、大数据指数、大数据交易额等一系列以大数据为依托的经济新指标。

构建金融服务体系，为共创集聚区提供资金保障。深化金融改革与创新，建立健全覆盖技术创新全过程的多功能、多层次金融服务体系；大力支持境内外股权投资、创业投资在集聚区的发展；引导和鼓励商业银行、资产管理公司、信托公司、金融租赁公司等银行金融机构和证券公司开展支持大数据创新的金融服务试点；鼓励创新贷投结合方式，探索银行业与创投机构之间的多渠道融资和综合性金融服务模式。贵阳通过金融服务体系的构建与完善为大数据产业发展提供强有力的资金支持。

健全大数据政策体系，为共建集聚区提供政策扶持。完善的政策是推广应用大数据的重要保障，是释放大数据活力和提升大数据效益的重要支撑。

目前大数据先行国家在政策方面已经走在前列。例如，美国白宫科技政策办公室牵头编制了《大数据研究与发展计划》，将大数据上升为国家战略。澳大利亚政府信息管理办公室制定了《公共服务大数据战略》。近年来，我们国家大数据发展的宏观政策环境也在不断完善。2014 年李克强总理的《政府工作报告》明确提出，要设立新兴产业创业创新平台，在大数据等方面赶超先进，引领未来产业发展。2015 年李克强总理的《政府工作报告》进一步指出，要制订“互联网+”行动计划，推动大数据等与现代制造业结合。贵州省认真贯彻落实中央政府工作报告的精神，于 2014 年 2 月印发了《关于加快大数据产业发展应用若干政策的意见》和《贵州省大数据产业发展应用规划纲要（2014—2020 年）》，为贵州省发展大数据产业指明了目标和任务。

贵阳 · 贵安大数据产业发展集聚区要在参照国家规划与政策的基础上，尽快创立并完善现有的集聚区协同创新政策体系，先行先试，积累经验，为大数据产业创新的持续发展提供实际有效的政府支持，通过政策创新促进科学技术的跨区域集成式发展。

建立大数据法规体系，为共建集聚区提供法律保障。贵阳在全国率先启动大数据安全及隐私保护地方立法，加快建设大数据时代个人信息安全保护体系；成立大数据标准化研究工作组，开展大数据产业和应用的本地标准研究；建立健全大数据汇聚、交换、共享与开放的各类管理规范和制度。

贵阳 · 贵安大数据产业集聚区，不仅要扮演好引领贵州省、贵阳市经济异军突起的角色，而且要以体制创新为核心，营造国际化、市场化、法治化的大数据产业发展环境，为大数据产业的发展提供制度保障。

“数据新政”重塑治理模式

大数据将颠覆传统思维模式，改变人们对世界的看法。“数据新政”有利于我们跳出传统思维窠臼，形成新的思维模式和思维习惯。“数据新政”还将带来服务升级，倒逼政府改革，而这正是当前全面深化改革的目的和意义所在。

“数据新政”推动思维变革

平台思维。互联网的平台思维是开放、共享、共赢的思维。经济发展的最高境界不是做产品、不是重质量，也不是搞标准，而是打造平台。近几年来，平台型企业发展很快，涌现出像阿里巴巴、腾讯、百度、苹果这样的众多成功企业。运用互联网思维的最大特征是必须运用平台化思想，通过平台规则、平台运营机制的创新，有效激励多方群体之间互动，聚合双边或多边市场规模，打造一个多主体共赢互利的商业生态圈，达成平台改革的愿景。

扁平思维。扁平化管理的主要特点是增加管理幅度，减少管理层级，将“金字塔”组织形式“压缩”成扁平状的组织形式。大数据时代的来临，消除了信息不对称，在组织层面的表现就是消除中层，使组织变得更加扁平化，部门之间隔阂越来越小。在扁平化思维的模式下，政府可以通过减少管理层级，缩短管理链条，确保信息在传递过程中失真的可能性大大降低，上情下达或下情上传更为准确。企业能够把人员组织并协调起来，按照市场机会组织跨职能工作，团队的成员彼此依赖，共同协作。显然，扁平化的组织结构更能够发挥人的主动性和创造性，更符合时代的要求。

精准思维。大数据具有数据量大、数据多样性、价值密度低、速度快等特点。对大数据的利用，要求技术和思维的变革，唯有如此才能做到对数据的利用从海量到精准，进而产生精准思维，即要在海量的信息数据里面获取用户在不同场景下表现出来的不同需求的信息，探索其数据融合后的价值。

网络思维。网络思维是一种群体思维和社会思维，是计算机时代个体思维的拓展，是一种依靠群体行动求解复杂问题的方法。真正意义上的网络思维是：人或者信息，互相之间是一种网状关系，而非从属关系。通过对问题的有效分解，在计算机网络信息系统的支持下，众多个体思维的成果通过彼此的对照、关联、表决等运算以及聚集、涌现等效应，形成了如社会搜索、市民科学、基于热度的资源排序或基于网民打分的商业推荐等群体智能。

跨界思维。跨界思维，就是大世界和大眼光，从多角度看待问题和提出解决方案的一种思维方式。随着互联网和新科技的发展，纯物理经济与纯虚拟经济开始融合，很多产业的边界变得模糊，零售、制造、图书、金融、电信、娱乐、交通、媒体等相互交错，互联网企业的触角已经无孔不入。跨界融合正在改变许多领域的业态，一方面，要开拓利用用户、数据和各方资源，敢于在业务上跨界创新；另一方面，要大胆招揽跨领域的复合型人才。

“数据新政”带动服务升级

随着云计算等新型数据处理技术不断成熟，大数据逐步被应用到政府日常管理和为民服务中，并成为推动政府政务公开、完善服务、依法行政的重要力量。大数据带来了一场行为模式、治理理念的全方位变革，特别是在全面深化改革、推进国家治理体系和治理能力走向现代化的时代背景下，大数据与政府治理相结合具有巨大的变革潜力和创新空间。“数据新政”是大数据时代政府治理方式现代化的代名词，有利于带动政府服务的全面升级。

工作模式现代化。政府作为社会管理和服务的提供者，在传统工业化思维模式下，更多地强调从解决实际问题出发，通过流程化、标准化的方式，提供各类服务和管理。但是在互联网时代，大数据使公共管理领域可以真正实现高效、优质、低成本的“问题源流”、“政策源流”、“政治源流”合一。一方面，公众对公共服务的需求变得日益多元甚至是小众，政府可以根据不同个体的不同情况，为公众提供定制化的私人服务；另一方面，互联网的特性意味着公开已经成为一种不可阻挡的潮流，它不仅是政府的职责所在，也是政府解决问题的重要思路，一些长期难以解决的问题可以通过数据的公开来倒逼责任主体进行整改。也就是说，政府工作模式要从过去的单纯结果导向，向结果和过程导向同时并重转变。如贵阳市市级网上办事大厅搭建了集政务公开、网上办事、效能监察、互动交流等多功能为一体的互联网服务平台。提供网上办事窗口，服务对象足不出户即可通过网络完成申办材料的上传提交和办理进度查询等操作，也可与工作人员“背靠背”在线咨询。同时，还同步开发移动终端版，实现行政审批事项、行政服务事项的网上申报、网上预审和网上办理。

服务机制现代化。在传统模式下，政府的服务内容更多地被局限于某一个方面，覆盖范围窄、内容不到位现象较为普遍，在大数据时代，政府服务内容将在既有基础上发生质的变化。政府作为社会数据最集中的拥有者，只有带头公开数据，并以各种方式引导社会领域数据的逐步公开，才能早日打破“信息孤岛”，满足社会对数据公开日益迫切的需求。在大数据时代，公众正在将通过网络享受到的各种优质体验迁移到政府服务领域，而政府的顶层设计者们，也正在借助这股技术发展热潮和民众的力量，在整个政府运转中形成倒逼机制，推动各个职能部门更好地服务社会。例如贵阳市交管局实施窗口业务“一站式”透明办理，办理人可通过网络实时监测业务进展情况；利用大数据，交管局分析预判开学首日城市交通状况、法定节假日城市交通状况，并以此为市民出行提供参考、科学部署警力，等等。

“数据新政”倒逼权力改革

大数据不仅是一种海量的数据状态及相应的数据处理技术，更是一种思维方式和一场由技术变革推动的社会变革。这种变革会倒逼政府管理创新，倒逼公权力改革，要求政府善于利用大数据精确感知社会需求。

公众深度参与成为一种发展趋势。大数据时代的到来给政府治理提出了全新要求，政府与公众之间的关系发生了显著变化，公民早已不是围城中的公民。大数据时代出现了前所未有的海量数据及具有数据搜集分析等功能的分析工具与平台技术。这些技术使搜集和分析数据不再是特定专业人员的独占领域，公众也可以在日益普及的软硬件技术的帮助下完成数据分析工作，并据此形成自己的理解。在大数据时代，公众参与政府治理的意识和能力显著提高，在没有组织和引导的情况下，公众就会大量聚集在网络空间，以网络为平台形成一个“自治理”中心，分析政府部门公开数据，讨论政府治理能力和水平，对政府治理形成巨大的干扰和压力。在此背景下，政府迫切需要重塑治理模式，积极搭建公众参与平台，有序引导公众参与政府治理，推动政府治理体系和治理能力的现代化进程。

数据安全、有序、公开成为一种必然要求。在大数据时代，数据开始成为一种资产，资产需要保护，但资产的定价、交易等问题还没有得到根本解决，而数据的特殊性意味着数据还牵涉个人隐私、公司机密等问题，这就加剧了数据安全问题的复杂性。例如数据的共享、开放和流动是挖掘其价值的关键，但一部分人和组织基于自身利益的考量，不愿意公开数据，甚至将数据视为排他性资源，对此，必须打破既有的利益格局，形成新的数据公开导向。解决这些问题，需要政府在进行大量的技术研究、利益博弈、前景预判和调查研究之后，制定新的规则，明确数据属性，实现数据的开放性、可交易性、安全性和非排他性。

“把权力关进制度的笼子里”成为一种现实可能。2014 年，贵阳按照《贵州省政府信息公开暂行规定》的要求，启动规范制约权力，实施“数据铁笼”行动计划，依托大数据产业优势加快互联网政务建设，把能够纳入互联网的行政权力全部纳入网络运行。运用大数据编制制约权力的“铁笼子”，即利用大数据“把权力关进制度的笼子里”，在全国打造独一无二的“数据铁笼”贵阳模式。

“数据铁笼”行动计划的核心在于，依托大数据产业优势加快网上政务建设，把能够纳入网络的行政权力全部纳入网络运行，通过制定统一的数据技术标准，优化、细化、固化权力运行流程和办理环节，合理、合法地分配各项职责，实现网上办公、网上审批、网上执法，权力运行全程电子化、处处留“痕迹”，让权力在“阳光”下清晰、透明、规范运行，置于社会公众的监督之下，确保“把权力关进制度的笼子里”。

第八章 《贵阳共识》和《大数据贵阳宣言》

贵阳坚守生态与发展两条底线，将生态文明示范与自主创新示范完美结合，探索出一条双赢之路。在路径探索中，生态文明贵阳国际论坛和贵阳国际大数据产业博览会暨全球大数据时代贵阳峰会这两个国际型会议，既是贵阳双赢之路的载体和抓手，也是其发展的成果和亮点。在这两个国际型会议上分别发布的《贵阳共识》和《大数据贵阳宣言》，更是向世界发出了关于生态文明与创新驱动的中国声音。

从生态文明贵阳国际论坛到《贵阳共识》

2009~2014 年，贵阳共举办了六届生态文明贵阳会议/国际论坛，每年一届。历届生态文明贵阳会议/国际论坛都会形成《贵阳共识》，《贵阳共识》既是对全球生态文明发展新理念的集中展示，也是对中国和贵州省、贵阳市生态文明建设新成果的高度概括，发挥着指引未来生态文明发展方向和发展道路的作用。

生态文明是人类文明的新形态

生态文明是人类文明发展的必然产物。工业文明在极大地提高了人类改造自然的能力、创造了大量物质财富的同时，对生态环境造成了重大破坏和污染。世界上的许多发达国家和发展中国家，在工业化初期和中期，都曾走过一条“先污染后治理”的传统工业化发展道路。随着工业文明带来的各种危害越来越严重，人类只能选择生态文明。生态文明就是对工业文明进行深刻反思并扬弃的结果，是人与自然和谐相处、经济增长与资源环境协调发展的文明状态。

生态文明是全人类发展的一个共识。生态环境问题与社会的政治、经济、能源、外交等问题相互交织，紧密相连，保护自然资源和生态系统显得尤为迫切。促进经济社会可持续发展，构建人与自然和谐相处的生态文明，已成为全人类的共识。对中国来说，复制西方传统工业现代化的模式，就意味着资源环境破坏得更加彻底，为此我们必须要走出一条人与自然和谐相处，生产发展、生活富裕、生态良好的文明发展道路。

生态文明是生态文化的升华。生态文明的核心是人与自然的和谐相处，它反对人类破坏自然、征服自然、主宰自然的理念和行动，倡导在经济社会发展中尊重自然、保护自然、合理利用自然。生态文明从人统治自然的文化过渡到人与自然和谐共处的文化，是人类中心主义向人与自然和谐发展价值取向的根本转变。生态文化作为生态文明的重要组成部分，是由特定的民族或地区的生活方式、生产方式、宗教信仰、风俗习惯、伦理道德等文化因素构成的具有独立特征的文化体系，是历代沿袭传承下来的针对生态资源进行合理摄取、利用和保护，以实现人与自然和谐相处，可持续发展的经验积淀。

生态文明是世界发展的趋势。建设生态文明是顺应世界文明发展潮流的必然选择，是维护中华民族生存根基的战略性举措，是中国特色社会主义道路的延续和发展。生态文明高于以往任何一种人类文明形态，是继原始文明、农业文明、工业文明后形成的新型文明形态。生态文明是对人类传统文明的整合、重塑与升华，是人类社会文明进步的标志，也是21世纪人类文明的发展方向。

改革开放30年来，我国经济建设取得了巨大成就。但随着经济社会高速发展，工业化和城镇化水平的不断提升，我国资源需求迅速膨胀、环境污染问题严重、生态系统退化。贵州省作为东亚重要的生态屏障区之一，在工业文明时期同样不可幸免地遭遇生态危机。贵州的资源环境较其他省份具有其自身的特殊性，脆弱的生态环境与脱贫致富、后发赶超的发展任务促使贵州省、贵阳市必须走生态文明发展之路。

生态文明贵阳国际论坛——全球生态文明的风向标

生态文明贵阳会议早已经成为一个颇具知名度的高端会议品牌，参会人员越来越多，思想碰撞越来越激烈，主题逐步深化，内容日益广泛，影响力越来越大。2013 年，生态文明贵阳会议升格为生态文明贵阳国际论坛。生态文明贵阳国际论坛成为中国目前唯一一个以生态文明为主题的国家级国际性论坛。

生态文明贵阳国际论坛为全球生态文明发展指明了方向，成为全球聚焦生态和可持续发展的“世界平台”。生态文明贵阳国际论坛为中外生态文明建设交流提供了一个思想碰撞、技术交流、成果分享、信息互通、平等协商的绿色发展行动网络和交流的平台，广泛集结各方智慧，促进各方经验交流；把握绿色发展机遇，积极推动中外生态文明建设和绿色发展，维护全球生态安全。通过生态文明贵阳国际论坛这一平台的搭建，聚焦全球当前以及未来生态文明发展中最重要的问题进行讨论，探索适合全球绿色增长的生态文明新途径，构建全球绿色发展的生态文明新模式，统一生态文明发展思路，凝聚生态文明发展共识，明确全球范围内下一阶段生态文明的发展思路和发展重点，为全球可持续发展做出新的探索。

生态文明贵阳国际论坛汇集全球智慧，影响着中国生态文明的发展思路。中国生态文明发展之路必定是一条充满生机、与时俱进、集合最先进理念的道路。这就迫使我们必须用最先进、最长远、最科学的眼光去思考我们的生态文明之路。生态文明贵阳国际论坛是全球生态文明的盛会，在这里我们可以了解到最先进的生态文明理念；可以与全球最权威的生态文明专家学者进行深入沟通交流；可以广泛汲取其他国家在生态文明建设方面的成功经验和历史教训。

生态文明贵阳国际论坛为贵州省、贵阳市搭建了对外交流合作的重要平台。其一，历届生态文明贵阳国际论坛均开展了一系列丰富的展会、洽谈、项目签约等活动，且国内外政要、知名企业家及专家学者等海内外与会嘉宾人数连年增加，探讨视角逐年丰富，极大地提升了贵州省、贵阳市的国际影响力，“贵阳”逐渐成为生态文明的代名词。其二，通过连续6年生态文明贵阳会议/国际论坛的举办，贵阳高瞻远瞩、敢于突破的新思维，细致严谨的研究态度，热情周到的论坛服务和“知行合一”的贵阳精神给人们留下了深刻的印象，贵州省、贵阳市的对外形象进一步提升。其三，生态文明贵阳国际论坛促进了贵州对外开放和交流合作，并且通过与国外生态环境保护良好的国家沟通，进一步坚定了贵阳严守生态与发展两条底线、走经济发展与生态保护融合发展道路的决心与信心。

《贵阳共识》——生态文明的“中国声音”

2009~2014年，《贵阳共识》关于生态文明发展的认识不断深化，理念不断创新，路径不断明晰，对于探索生态文明建设规律、推广生态文明建设经验起到了积极作用,同时也有力地促进了贵州省、贵阳市经济生态的融合与协调发展。

表 8–1　2009~2014 年《贵阳共识》内容概要

年份	论坛主题	《贵阳共识》内容概要
2009 年	发展绿色经济——我们共同的责任	生态文明是人类社会发展的潮流和趋势，是必由之路；生态兴则文明兴，生态衰则文明衰
2010 年	绿色发展——我们在行动	把凝聚的共识落实到行动上；减少个人和集体的碳足迹，且各方要形成合力
2011 年	通向生态文明的绿色变革——机遇和挑战	坚持以生态文明理念引领经济社会发展，推动新型工业化与生态文明建设互动双赢；加强生态文明建设的综合研究和专题研究；坚持把建设生态文明、推动可持续发展作为一项长期战略
2012 年	全球变局下的绿色转型和包容性增长	绿色转型和包容性增长，本质都是寻求社会可持续发展。探索绿色经济的有效模式，注重坚持低投入高产出，低消耗少排放，能循环可持续的经济体系。注重培养绿色增长方式和消费模式，注重生态建设和环境保护，遵循以人为本、公平公正的发展理念，突出人与自然和谐相处的时代要求，促进人人平等，获得发展机遇，实现经济增长、人口发展和制度公平三者之间的有机统一
2013 年	建设生态文明：绿色变革与转型——绿色产业、绿色城镇和绿色消费引领可持续发展	需要重新思考和审视我们现在的政策、规章、制度等；把生态文明建设融入经济建设、政治建设、文化建设、社会建设各方面和全过程

（续表）

年份	论坛主题	《贵阳共识》内容概要
2014 年	改革驱动，全球携手，走向生态文明新时代——政府、企业、公众：绿色发展的制度架构和路径选择	必须坚持经济发展与生态建设的平衡，坚持环境保护与生态修复的平衡，坚持控制污染与节约资源的平衡，坚持明确各自责任与加强合作的平衡，维护全球生态安全，共同建设天蓝、地绿、水净的宜居美丽家园。走向生态文明新时代，必须加快绿色转型、推进改革创新、加强制度约束、各方共同努力、全球紧密携手

《贵阳共识》的达成不仅仅是中国和贵州省、贵阳市历史上划时代、标志性的重大事件，也是全球生态文明发展史上的重大事件。

《贵阳共识》的达成昭示着我国生态文明建设成果得到了全球的肯定和认可。面对全国乃至全球生态危机愈演愈烈的现状，中国着力探寻生态文明之路，中国政府对生态文明的认识与重视程度不断提升。1992 年世界环境与发展大会之后，中国最先制定了国家级 21 世纪议程——《中国 21 世纪议程》。2003 年中国以战略思维和眼光，提出了“以人为本，全面协调可持续的科学发展观”，使其成为中国文明发展道路的行动纲领。2007 年又将“建设生态文明”作为全面建设小康社会的一项新要求、新任务。2012 年更是强调将“生态文明建设”放在突出位置，纳入建设中国特色社会主义总体布局。2015 年中共中央、国务院印发的《关于加快推进生态文明建设的意见》在前期顶层设计和总体部署的基础上，对当前和今后一个时期内的生态文明建设提出了具体目标、任务和举措，为开启经济新常态下的“绿”转型、建立系统完整的生态文明制度体系勾画出了路径蓝图[①]。一系列的政策部署，都在向全世界展现一个负责任的社会主义大国形象。而《贵阳共识》的达成正是对中国在生态文明道路上所做努力的充分肯定和认可。

《贵阳共识》的达成确立了中国在全球生态文明建设领域的国际话语权。中国作为世界上人口最多而人均资源相对较少的国家，在经历了多年经济快速发展后，面临更为紧迫的环境压力。处于经济转型期的中国，在生态建设方面选择了直面困难和挑战，展现出超凡的智慧和坚定的决心，完成了一系列在很多外国人眼中“不可能完成的任务”。在此之前，世界上没有任何一个国家的政府把生态文明建设放在国家发展战略的高度；也没有任何一个国家的执政党把加强生态文明建设写入党章。中国在生态文明建设上的率先探索，影响着地区和全球的生态环境，也为其他国家的生态文明发展提供了新思路，带来了新启示。《贵阳共识》的达成，显示出中国已经具备参与制定全球生态文明规则的能力，也显示出中国在全球生态文明建设领域召集力、号召力、影响力的增强。

《贵阳共识》向世界传播生态文明的“中国声音”。在中国传统生态文化中，儒家思想主张“天人合一”、“天地变化，圣人效之”、“与天地相似，故不违；知周乎万物，而道济天下，故不过”；道家提出

① 综合观察：中央出台首个生态文明建设文件　开启新常态下“绿”转型.和讯网，2015 年 5 月 6 日.

“道法自然”，强调人要以尊重自然规律为最高准则，以崇尚自然、效法天地作为人类行为的基本皈依，达到“天地与我并生，而万物与我为一”的境界，诸如此类。《贵阳共识》的生态理念融合了中国传统生态文化，随着《贵阳共识》在国内外影响力的不断提升，体现中国传统文化内涵的生态文明发展理念也开始在全球范围内得到传播，并深深地影响着各国的生态发展。

从贵阳数博会到《大数据贵阳宣言》

2015 年 5 月 26 日，2015 贵阳国际大数据产业博览会暨全球大数据时代贵阳峰会（以下简称“贵阳数博会”）在贵阳开幕。贵阳数博会为期四天，组织举办了大数据博览会和多个行业领域分论坛，汇集了全球大数据领域专家和业界精英。国务院总理李克强致信祝贺，深刻指出，“当今世界，新一轮科技和产业革命正在蓬勃兴起。数据是基础性资源，也是重要生产力。大数据与云计算、物联网等新技术相结合，正在迅疾并将日益深刻地改变人们的生产生活方式，‘互联网+’对提升产业乃至国家综合竞争力将发挥关键作用”。对于贵阳来说，数博会的举办是其大数据发展之路的一个重要里程碑。

从IT时代走向DT时代

IT是信息技术（Information Technology）的英文缩写，而DT是

数据处理技术（Data Technology）的英文缩写。马云曾经在一次演讲中提道："人类正从IT时代走向DT时代。"

技术总是不断推动人类创造新的世界。人类社会"知识就是力量——信息就是能量——数据就是变量"的三个发展阶段，代表了从工业时代到信息时代到DT时代的三次过渡。以互联网、大数据、云计算为代表的第三次科技革命对世界的影响已经远远超出了传统的改善生活条件、提升生产力的范畴，它对既有生产、生活和思维方式带来了颠覆性变革。

大数据是人类文明发展、全球文明进程的必然趋势。大数据带来了信息技术领域的新一轮革命，在全球范围内成为加速企业创新、政府透明、引领社会变革的利器，成为国家竞争的前沿，以及产业竞争力和商业模式创新的源泉。大数据时代到来，许多秩序被彻底颠覆——智能化制造改变了工业生产的逻辑，移动互联网带来了商业的民主化，社交网络给予每一个人自由讲故事的权利。在瞬息万变的大数据时代，每一个舆论点都有可能成为热点。在包罗万象的舆论数据背后，有可供分析整理的脉络，通过解构实现重构。在这个新的时代，人们的生活、生产方式乃至人的心智与行为模式都将发生显著的改变。

大数据改变了我们的生产方式。以大数据、云计算和互联网为代表的第三次科技革命浪潮席卷全球，正在对既有产业格局产生巨大影响，电子商务迎来经济发展新契机。大数据已经成为新发明和新服务的源泉，而更多的改变正蓄势待发。任何一个领域都可以运用大数据，获得大数据带来的新机遇，包括教育、交通、卫生医疗部门。大数据让企业拥有了增值的潜力与爆发力：通过对销售数据的分析应用，企业可以对消费者的需求有更精准的把握，从而进行更精准的生产；通过对用户评价的分析挖掘，企业能够更有针对性地改善用户体验，从而促进产品销售。

大数据改变了我们的生活方式。大数据时代，人们的生活方式发生巨大改变，包括日常生活、衣食住行以及学习、科研的方式方法等等。凭借大数据支撑，人们的居家生活、旅游出行、投资理财更为便捷、多样化。比如，动动手指，宅在家也可以享受高品质的生活，吃喝穿用，电商为你解决；点点屏幕，机票酒店美食一条龙，为你提供最优选择。步入大数据时代，我们的生活开始与大数据息息相关。

总的来说，大数据改变了人们对世界的看法，带来的是一场从观世界向世界观的升华。人的思维模式决定其行为方式，优劣与否，全在于你的大脑如何运转。以大学教育为例，现代大学教育也许并不像专业学校那样，旨在教会你一门厨艺或是挖掘机技术，它带给你更多的是思维方式的培养和重塑。

进入DT时代，大数据开启了一次重大的时代转型，改变了人们对生活以及世界的理解方式。早在古埃及时代，人们就懂得用数据来计量财富和记录日常生活。文艺复兴之后，数据又被用于描述物理现象和自然规律。随着大数据时代的到来，数据从作为事物及其关系的表征走向了主体地位。一切皆可量化，大数据时代的世界就是一个数据化的世界。

贵阳数博会——大数据发展的里程碑

发展大数据，利用大数据创新、转型创业是政府、企业，甚至个人的必然选择，也是当下最大的机遇所在。在新常态经济的要求下，在先进的大数据理念的指导下，贵阳抓住了这一时代机遇，站在了大数据的风口浪尖，成为大数据实践的最前沿阵地。

贵阳数博会以“专业展会、国际平台、促进合作、共谋未来”为原则，以“‘互联网+’时代的数据安全与发展”为主题。峰会由“会”、“展”、“赛”三部分组成，主要包括多个分论坛、四大展馆以及一场草根创新公开赛，内容丰富，创新性十足。其中，“会”是通过论坛会议展示贵阳数博会之智慧；“展”主要通过展览展示贵阳数博会之美貌；“赛”则是通过赛事活动展示贵阳数博会之活力。论坛广泛邀请相关领域专家学者和企业家代表参加，围绕会议确定的主题进行广泛探讨。在当前大数据发展的关键时期，举办贵阳数博会，对于凝聚大数据发展共识，形成大数据发展合力，提升中国和贵州省、贵阳市在全球大数据发展中的地位、抢占大数据发展战略制高点具有重要意义。

于世界而言，聚集了全球目光。据IBM（国际商业机器公司）的相关研究称，人类文明所获得的全部数据中，有90%是过去两年内产生的。而到 2020 年，全世界所产生的数据规模将是今天的 44 倍。但目前，数据量大、类型繁多、数据变化快、价值密度低等是大数据的典型特征，如何用好这些海量数据，是贵阳数博会的价值所在，更是世界大趋势。[①]

2015 年贵阳数博会聚焦了全球目光，是大数据发展史上的重大事件。首先，贵阳数博会国际化程度非常高，聚集了众多国内外大数据知名企业，比如华为、阿里巴巴、联想、谷歌、惠普、微软、富士康等。同时，信息技术行业领军人物纷纷集聚贵阳共探大数据发展前景，比如马云、郭台铭，以及微软、谷歌、戴尔、惠普、英特尔、思科等公司的总裁和副总裁。其次，贵阳数博会涉及的行业十分广泛，涵盖了云计算、智能终端、软件服务、移动互联网、数据安全、数据中心、电商等各个方面。通过贵阳数博会的举办，吸引大数据产业的领先企业和领军人物参与，展示大数据发展的最新成果和最新技术，分析大数据发展中的重要问题和未来发展趋势，共商大数据未来发展思路，挖掘大数据产业商机，吸引国际资源向贵阳聚集。

于中国而言，确立中国在全球大数据领域的话语权。谁抓住了大数据，谁就抓住了未来；谁抓住了大数据发展的先机，谁就抓住了大数据领域的话语权。近年来，中国不仅高度重视大数据产业的总体布局，而且更加注重大数据产业在地方的探索与创新，特别是以贵州省、贵阳市为典型代表，不仅在理论研究与创新方面取得了一系列

① 陈广江. 贵阳数博会，你该去看看. 光明网，2015 年 5 月 13 日.

成果，而且在实践探索方面也成效显著，一大批重量级企业和重大项目相继布局落地。由此可见，举办贵阳数博会并非只是一时心血来潮，也并非是为了单纯的宣传推广，而是实实在在的基于中国和贵州省、贵阳市在大数据领域取得的丰硕成果，借机加强世界范围内大数据相关机构和企业的沟通联系，共同谋划全球大数据产业未来的发展方向、发展重点以及需要重点解决的问题，共同促进大数据的创新发展与进步。贵阳举办的以大数据为主题的博览会和峰会在全球尚属首次，会议得到了国内外政府机构和国际组织领导人、世界顶级企业家、行业机构以及专家学者的一致认可，大家肯定了中国在大数据领域的创新成果，同时确认了中国在大数据领域的引领者地位。

于贵阳而言，标志着其在大数据发展领域已经从跟随者变为领跑者。在风起云涌的“互联网+”时代，贵阳数博会是一场大数据盛宴，也是一场“头脑风暴”。贵阳数博会生长在欠发达的贵阳。作为西部欠发达地区，贵阳经济社会的发展较东部沿海地区相差甚远。大数据时代的到来给贵阳带来一次重新起跑的机会，是全国经济再平衡的一个重要契机。当别人还在思索“大数据是什么”，贵阳已经在探索“大数据该怎么做”。站在大数据的风口浪尖，仅用一年时间，贵阳就陆续搭建了数据中心、服务中心、大数据交易所、“创客”公园，携千亿元的新兴产业领跑全国。块数据、“中国数谷”、大数据发展的五个“中国第一”等大数据硕果在贵阳诞生。可以说，在大数据时代，贵阳再也不是看着别人背影的跟随者，而是独领风骚的领跑者。紧紧抓住大数据这一重大战略机遇，贵阳真正拥有了转型升级、后发赶超的信心和实力。

《大数据贵阳宣言》——引领大数据产业发展

2015 年贵阳数博会期间发表的《大数据贵阳宣言》进一步明确了大数据发展的重要性，指明了大数据未来的发展目标、发展动力以及需要全球普遍关注的问题，进一步理清了大数据未来发展思路，对于全球范围内大数据产业的发展具有重要意义。

凝聚大数据发展共识。《大数据贵阳宣言》是贵阳数博会期间，与会政府官员、知名企业家以及专家学者等共同讨论形成的共识，是当前专家们对于大数据最前沿问题的思考和认识。《大数据贵阳宣言》具备专业性、前沿性、国际性的特点，消除了人们对于大数据的疑惑和困惑，加强了大数据相关企业的人员之间的沟通联系，增强了发展大数据的信心和决心，传递出全球范围内发展大数据的共识。

破解大数据发展难题。人类进入大数据时代需要跨过的第一道门槛就是数据安全，当前大数据发展需要破解的首要难题就是安全问题。大数据是一把双刃剑，数据开放与隐私保护是贯穿大数据发展过程的一个核心议题。数据即财富，面对庞大的数据量，如何构建数据安全的管理系统显得极为重要。贵阳数博会将"'互联网+'时代的数据安全与发展"作为峰会主题，表明了当前数据安全在大数据发展过程中的重要性。《大数据贵阳宣言》明确提出要通过全球努力来破解数据安全问题，一方面通过法律、监管、技术保障、道德自律等手段解决公民个人数据隐私保护问题；另一方面要建立纵深防御体系，形成新一代大数据安全技术保障体系，完善大数据安全标准体系和法律法规，促进大数据及其网络信息安全产业的发展。

找准大数据发展关键。《大数据贵阳宣言》不仅对于大数据发展有着全面、清晰的认识，而且找准了当前大数据发展的关键点，对于未来大数据发展具有重要的指导意义。首先，大数据发展的重要基础在于政府数据开放，要逐步建立政府数据开放平台，优先开放高价值数据。其次，大数据发展的关键在于构建大数据交易市场，要搭建数据交易平台，建立数据交易规则和流程，形成数据定价机制。最后，大数据发展的源动力在于技术创新，要围绕大数据采集、存储、处理、应用、可视化等关键技术环节进行创新，以创新驱动发展。

贵阳的“双赢效应”

近年来，我国高度重视生态文明建设，先后出台了一系列重大决策部署，特别是把生态文明建设放在突出的战略位置，与经济建设、政治建设、文化建设、社会建设紧密联系起来，形成一个有机整体。《关于加快推进生态文明建设的意见》指出，“生态文明建设是中国特色社会主义事业的重要内容，关系人民福祉，关乎民族未来，事关‘两个一百年’奋斗目标和中华民族伟大复兴中国梦的实现”。并进一步指出，要“牢固树立尊重自然、顺应自然、保护自然的理念，坚持‘绿水青山就是金山银山’，动员全党、全社会积极行动、深入持久地推进生态文明建设，加快形成人与自然和谐发展的现代化建设新格局，开创社会主义生态文明新时代”。

贵阳探索的生态保护与经济发展的双赢发展模式，是我国生态文明发展理念在地方的实践与创新，是中国生态文明发展道路在地方的缩影。贵阳的双赢发展模式形成了一种良性的生态循环体系，实现了生态效益和经济效益的最优化和最大化。总体来看，贵阳双赢发展模式具备以下几个方面的内涵。

融合型的发展战略

融合型的发展战略，就是通过环境保护来保证发展的可持续性，通过经济社会的可持续发展来创造优良的生态环境，促进经济生态化、生态经济化，实现环境保护与经济发展的融合发展。对于西部欠发达地区的城市来说，构建绿色、节能、高效、生态的绿色工业体系，培育壮大新能源、新材料、节能环保等新兴产业是融合发展的必由之路。生态建设摒弃了把保护生态与发展生产力对立的传统思维，主张大力发展绿色经济、循环经济和低碳技术，提高生产力发展水平，走绿色发展之路。经济发展和生态保护的双赢，就是要将生态资源利用与经济发展有机结合，在社会力量的广泛参与下，将生态资源有效合理利用，并转化为经济效益。要按照减量化、再利用、资源化的要求，逐步构建资源循环利用和再生资源回收体系，推进循环经济发展，实现资源利用节约化和集约化，降低资源消耗量，提高资源产出率。

可持续发展就是一种既能满足当代人的发展需求，又不损害后代人利益的发展模式。保护生态环境就是保护生产力，改善生态环境就是发展生产力，不能以牺牲环境为代价换取一时的经济增长。贵阳在探索双赢发展模式过程中，坚决不搞唯GDP论，坚持把生态建设作为各级政府和领导干部政绩考核的重要内容，切实改变抓经济硬、抓环境软的问题。探索建立有效激励约束机制，健全生态环境保护责任追究制度和环境损害赔偿制度。完善落实生态建设主导责任，加大财政投入力度，发挥市场机制作用，引导社会投资更多地投入环境整治，形成生态建设投入长效机制。以解决突出环境问题为重点，实施蓝天、碧水、绿地、田园、清洁等工程，努力把区域建设成为天蓝、地绿、水净的美好家园。

生态文明建设和经济建设的和谐融合、双赢发展经历了一个比较漫长的过程，大部分发达国家走的就是一条“先污染后治理”的道路，我国的一些发达地区也是在受到大自然的惩罚以后才意识到生态保护的重要性，道路是坎坷曲折的，但是在这个过程中积累的经验教训也是非常丰富的。贵阳在坚持生态保护和经济发展协调融合的过程中，认真借鉴西方发达国家和我国一些地区的先进经验，用法治思维加强制度设计，制订节能减排、污染治理、清洁生产等方面的行动计划，明确要素保障，并通过深化改革来破解制约生态文明建设的体制机制障碍，大力发展生态文化旅游、医疗健康、大数据产业等现代服务业，将资源优势转变为生态优势和竞争优势。

跨越式的发展路径

可持续性是跨越式发展的基础。跨越式发展要在遵循发展规律的前提下，用尽可能短的时间赶超先进，努力实现产业、技术、质量、效益的新跨越。欠发达地区的跨越式发展应该是一种可持续发展，要在经济社会发展和人口、资源、环境相协调的情况下，提高可持续发展能力。在落后地区对国际发展趋势有了正确的分析，对过去发展所走的弯路进行深刻的反思之后，所提出的跨越式发展战略与传统工业发展战略必然不同，摒弃传统工业化道路中单纯追求速度型的增长方式，避免经济发展中的短期行为，以及单项突进的发展模式，而是追求一种速度与效率并重，当前发展与长远发展兼顾，经济和社会、生态环境协调发展的模式。

包容性增长是跨越式发展的最终目标。2007 年，亚洲开发银行首次提出包容性增长的概念，其核心理念是实现社会和经济协调发展、可持续发展，强调经济发展成果最大程度地让普通民众受益，而这也是跨越式发展的最终目标。从经济发展的历史看，虽然发展的非均衡是绝对的，但是促进结构均衡化发展一直是经济活动追求的目标。从某种程度上讲，从非均衡发展到均衡发展的过程实质上就是包容性增长的过程。贵阳坚持经济发展与生态改善的双赢之路，实现经济跨越式发展的目的不是为了GDP总量的增加，而是为了提高人民的生活水平，在全省率先全面建成小康社会。

内涵式的发展模式

推动区域经济转型发展，关键是转变粗放型、外延式的增长方式，走集约型、内涵式发展道路。贵阳内涵式发展模式包括两个关键要素：产业升级和技术创新，指向都是增强内生动力。增强内生动力，必须依靠改革开放，激发各类市场主体的新活力。充分发挥市场在资源配置中的决定性作用，为各种所有制经济创造平等使用生产要素、公平参与市场竞争的良好环境，推动民间资本进入基础产业、基础设施、金融服务和商贸流通等领域。要把握创新驱动的战略重点，为内涵式发展提供新动力。要充分发挥资源优势，以绿色发展、低碳发展、可持续发展为导向，促进经济社会发展由要素驱动向创新驱动转变。围绕产业升级和技术创新，主要是抓企业集聚、产业集群和技术集成。

首先，抓企业集聚。企业在一定区域空间内集中，可以共享基础设施和公共服务，发生集聚效应，资金、资源、劳动力和人口大量聚集，使得经济活跃，市场扩张。贵阳的主要做法是依托原有的工业基础或区位优势建立工业园区，通过政策扶持和市场引导促进企业入驻园区，进行企业孵化或实现企业集聚，从而共享资源要素、打通信息渠道，实现外部经济和规模经济，降低企业初创期的运营和产品交易成本。

其次，抓产业集群。产业集群是产业链条上中下游企业的集中，使产业发展与区域经济通过专业化分工与便利性交易结合。产业集群是区域经济发展的重要途径。贵阳的主要做法是立足当地资源禀赋和产业发展基础，培育壮大主导产业，依托主导产业发展上中下游配套产业，形成若干个产业集群；营造公平公正的竞争环境，通过市场竞争促进产业提高效率和创新能力；鼓励引导企业加强合作，共同开发新产品新服务、拓展市场空间，建立生产供应链，形成“竞争+合作”的机制，从而深化企业间的分工与协作。

最后，抓技术集成。技术集成已经从过去的线性过程发展到网络化过程，通过企业联合与合作，把相关技术有机组合，集成一种新产品或生产工艺。技术集成创新要求不同类型的创新资源相互激发和协同，本质上是创新要素的交叉和融合。贵阳的主要做法是在产业集聚区建立公共研发平台，集成区域内企业的人才技术、实验设备等资源，建立技术研发中心和成果孵化中心，打造技术研发推广服务平台，研发重大关键技术，并尽快转化为现实生产力；推动集群内企业与科研院所开展多种形式的合作，并加快市场推广和应用。

第九章　大数据，绿生活

大数据已经渗透到各行各业，以及生产生活的各个领域，逐渐成为重要的生产要素和生活方式。在大数据的引领下，城市实现绿色增长、社会实现共建共享，绿色消费、绿色出行、绿色居住成为人们的自觉行为，每一个人在充分享受绿色发展所带来的便利和舒适的同时，更要承担起可持续发展的责任。“大数据，绿生活”这样一种发展状态，正在贵阳逐步实现。

旧常态为什么难以为继

旧常态是相对于新常态而言的。新常态的主要特点是“中”，工业化进入中后期、经济增长呈现中高速、进入中高端发展水平提升期、新型城镇化中期以及中等收入陷阱跨越关键期，传统的粗放型、要素驱动、高速低质、以土地城镇化为核心以及重经济轻社会的发展模式已经不能适应这一新阶段，旧常态难以为继。

工业化中后期：高能耗、高污染、高排放的粗放型发展模式难以为继

何为工业化中后期？工业化理论认为，一个国家或者地区的经济发展过程（也称工业化进程或经济现代化进程）[①]可以划分为前工业化、工业化实现和后工业化三个阶段，其中工业化实现阶段又分为初期、中期、后期三个时期。判断依据主要有人均收入水平、三次产业结构、就业结构、城市化水平等标准。[②]所谓工业化中后期，主要是指工业化由中期向后期过渡的这个阶段。各国历史经验表明，工业化中后期与工业化前期相比，一个重要的变化特征是在前期依靠高投资、重化工业主导发展而支撑的高速增长将难以为继，潜在经济增长率将会自然回落，高能耗、高污染、高排放的粗放型发展模式走到尽头。

改革开放以来，我国创造了连续30多年经济平均增速达到9.8%以上的经济奇迹，并在2010年跃居世界第二大经济体。但是，随着

① 陈佳贵，黄群慧，吕铁，李晓华等.中国工业化进程报告（1995—2010）[M].北京：社会科学文献出版社，2012.

② 冯飞，王晓明，王金照.对我国工业化发展阶段的判断.中国发展观察，2012年第8期.

支撑中国经济发展的要素条件发生变化，工业化、城市化的快速推进和经济总量的不断增大，经济社会发展受资源环境的制约越来越大，传统的不平衡、不协调、不可持续的粗放型增长模式已走到尽头。一方面，耗费大量本来就十分稀缺的资源，形成了资源的硬约束。例如，我国原油的对外依存度已接近60%，铁矿石的对外依存度已超过50%；另一方面，环境污染日益严重，已经成为经济增长和社会稳定的硬约束。因此，中国的经济发展如果继续沿用高能耗、高污染、高排放的粗放型发展模式，以末端处理为环境保护的主要手段，那么中国的资源将日益稀缺，生态环境将不堪重负，最终给中国经济社会发展带来灾难性的后果。

工业化中后期应主导低能耗、低污染、低排放的“三低”发展模式。该模式孕育于资源能耗低、带动系数大、就业机会多、综合效益好的战略性新兴产业中，例如节能环保、新一代信息技术、生物、高端装备制造产业等。新能源、新材料正成为各国经济发展的先导产业。打造“三低”发展模式，一方面，要不断升级传统产业；另一方面，要着力培育和发展新兴产业，实现产业结构高级化。

中高速经济增长期：以要素驱动为核心的粗放型增长模式难以为继

何为中高速经济增长期？中高速经济增长期是相对于经济高速增长而言的经济发展阶段。如果经济增长的适度区间把握在7.5%~9%，表明经济从高速转入中高速增长阶段。研究表明，目前我国已进入中高速经济增长期。首先，从世界范围看，7.5%的经济增速在世界主要经济体中仍然是较高的速度。其次，从国内看，与过去30多年实际经济增长趋势曲线8%~12%的区间相比，下限由8%下降到7.5%，下降0.5个百分点，上限由12%下降到9%，下降3个百分点，7.5%~9%的区间可称为中高速增长区间。主动降低经济增长速度，可以使经济发展更加注重转方式和调结构，更加注重提高质量和效益，更加注重资源节约和环境保护，更加注重保障和改善民生。①

中高速增长期发展的关键在于创新驱动。从习近平总书记的讲话可知，“从要素驱动、投资驱动转向创新驱动”是新常态的主要特点之一。随着我国经济由高速增长转向中高速增长，要素的规模驱动力减弱，经济增长将更多依靠人力资本积累和技术进步。要实现经济行稳致远，主要增长动力必须做相应转换，让创新成为驱动发展的新引擎。所以说，加快从要素驱动、投资规模驱动发展为主向以创新驱动发展为主进行转变，成为中高速经济增长期的一个显著特征。

要素驱动战略强调的是通过投资、劳动力、资源、环境等要素的低成本大量投入来驱动经济增长，而创新驱动战略则强调的是通过技术创新和制度创新来实现经济的可持续发展。改革开放30多年来，我国经济增长主要依靠劳动力、资本、资源三大传统要素投入，是一种典型的要素驱动型增长。进入中高速经济增长期，这三大要素均面

① 我国经济进入中高速增长阶段. 人民网，2013年10月14日.

临着诸多瓶颈约束，难以支撑经济的长期可持续增长。

从劳动力角度看，过去劳动力成本低是最大优势，引进技术和管理就能迅速转化为生产力，现在人口老龄化日趋严重，农业富余劳动力减少，要素的规模驱动力减弱，经济增长将更多依靠人力资本积累和技术进步，因此必须让创新成为驱动发展的新引擎。从资本角度看，资本曾经是一国经济增长的决定性力量。通过多年的对外开放以及国内经济发展的积累，我国资本总量已经十分充足。截至 2012 年年末，我国居民储蓄余额突破 40 万亿元，累计利用外资余额达到 1.2 万亿美元。但是，我国储蓄向投资转化还存在许多障碍，投资的结构性问题比较突出。从资源角度看，我国人口众多，各类资源的人均保有量均低于世界平均水平。改革开放以来，我国经济快速增长，与此同时，淡水、土地、森林、矿产、动植物等各类资源的消耗量急速上升，资源产出率大大低于世界先进水平。

因此，随着过去支撑快速发展的传统人口红利和资源红利的消失，我国以要素驱动、投资驱动为主的发展道路已难以为继，亟须改变经济发展的“要素驱动依赖”，激发全社会的创新活力，用好创新这把“金钥匙”，适应中国经济新常态。

中高端发展水平提升期：高速、低质的发展模式难以为继

2015 年 3 月 6 日，李克强在参加山东代表团审议时强调，推动经济保持中高速增长、向中高端水平迈进，是当前必须紧紧咬住的目

标。当前，世界经济不稳定、不确定因素依然较多，我国经济逐步进入了中高端发展水平的提升期，经济发展方式正从规模速度型粗放增长转向质量效率型集约增长。要保持中高速增长、迈向中高端水平，质量极为关键。

中速、高质是中高端发展水平提升期的特点，也是重点。推动发展向中高端水平迈进，核心是平衡发展速度，提升发展质量。进入中高端发展水平的提升期，重点是优化产业结构、提高增长质量和效率，关键是提升产业和产品技术含量，目标是降低资源消耗、减少污染排放、提高国民产出的附加价值，目的是持续改善和大幅提升我国国民福祉。这就是中高端发展水平提升期的主要发展方向。

从高速、低质到优质、合理发展。高速、低质的发展模式曾横扫大部分国家。速度是中性的，快和慢并不意味着绝对的好与坏。但是，在 200 年来的工业化进程中，几乎所有的民族都曾迷恋于快速增长的兴奋，并因此承受“快速增长”给自然环境和社会人文秩序带来的困扰，当速度不可持续的时候，大部分经济体都不约而同地选择了向新的发展模式转型。[①]长期以来，我国质量不合格产品造成的直接损失达数千亿元，间接损失更大。国际上畅销的“中国制造”，大多属于中低端产品。不着力提升质量，经济发展不仅难以升级，也难以持续向前推进；不着力提升质量，不仅难以扩大在国内外市场上的竞

① 林采宜.“告别高速”当是新经济发展模式的起点.人民网，2015 年 3 月 6 日.

争优势，还会错失良机；不着力提升质量，不仅难以满足人民群众日益增长的物质文化需求，而且会引起消费者的怨言。

提升质量成为我国经济持续健康发展的必然选择。李克强总理说，质量是国家综合实力的集中反映，是打造中国经济升级版的关键，关乎亿万群众的福祉。面对市场竞争激烈、产能过剩矛盾突出、要素成本上升、资源环境瓶颈制约等压力，中国经济要向中高端水平迈进，必须协调经济与社会的发展速度，加快转变经济发展方式，用好提升质量这把"金钥匙"，牢固确立质量即是生命、质量决定发展效益的理念，推动各方把促进发展的立足点转移到提高经济质量和经济效益上来。

新型城镇化中期：以土地城镇化为核心的发展模式难以为继

城镇化发展是一个自然历史过程，发展变化有其自身的客观规律。城镇化发展的一般规律表明，城镇化率处于30%~70%之间，是城镇化中期阶段，发展速度相对较快。[①]国家统计局的数据显示，2014年我国城镇化率达到54.77%，进入新型城镇化中期。正如李克强总理所言，新型城镇化的核心在于人口城镇化，关键是提高新型城镇化的质量，目的是造福百姓和富裕农民。[②]

以人为核心是新型城镇化中期的关键。以人为核心的新型城镇化

① 彭建强．积极稳妥推进新型城镇化．河北日报，2014年1月15日．

② 张旭．新型城镇化核心是人口城镇化．新京报，2013年3月22日．

是实现现代化的重大战略选择。新型城镇化是我国扩大内需潜力之所在。新型城镇化发展的中期，需要在拉动内需的同时，协调推进城镇化，实现人的城镇化，提高新型城镇化的质量。首先，以人为核心的新型城镇化，要解放生产力、发展生产力，让老百姓生活宽裕。其次，以人为核心的新型城镇化，要消灭剥削，消除两极分化，实现共同富裕。最后，以人为核心的新型城镇化，要让居民望得见山、看得见水、记得住乡愁。①

以土地城镇化为核心的发展模式存在诸多问题，简单追求土地城镇化是其最大的诟病，并且以物质资本大量消耗为驱动力，导致资源大量消耗、空间过度集中、经济结构失衡、环境污染严重、社会矛盾激化等一系列问题。②因此，以土地城镇化为核心的发展模式已不可持续，必须坚持以人为核心的新型城镇化发展模式。第一，要加强农村地区规划体系的引领作用，进一步完善基础设施和公共服务体系，提升农村地区的要素集聚和承载能力。第二，要按照“产城互动、融合发展”的思路，把城镇化与培育新兴产业、发展现代服务业有机结合起来，实现每座新城新市镇都有一个或几个产业园区支撑，在全区构建起定位明晰、布局均衡、城乡互动、支撑有力的现代产业体系，切实提高城镇的就业承载力。第三，要关注人的需求，切实解决农民在教育、医疗、文化等领域资源不均等的问题。

---

① 潘可礼. 以人为核心的新型城镇化. 临沂日报，2014 年 1 月 3 日.

② 李芸. 新型城镇化的基本模式. 百度文库.

中等收入陷阱跨越关键期：重经济轻社会的发展模式难以为继

“中等收入陷阱”是由世界银行在2006年《东亚经济发展报告》中首次提出的概念。所谓“中等收入陷阱”，是指一个经济体在从中等收入向高收入迈进的过程中，既不能重复又难以摆脱以往由低收入进入中等收入的发展模式，很容易出现经济增长的停滞和徘徊，长期停留在中等收入区间。原因主要在于，进入这个阶段，经济快速发展积累的矛盾集中爆发，原有的增长机制和发展模式无法有效应对由此形成的系统性风险，经济增长容易出现大幅波动或陷入停滞。①

从世界范围看，第二次世界大战以后，有100多个国家和地区先后达到中等收入发展水平，但真正跨越中等收入阶段进入高收入国家（地区）行列的并不多。正因为如此，才把这个区间称为“陷阱”。拉美国家的情况最为突出，大多数国家长时间滞留在中等收入陷阱区间，比如阿根廷，在这个“陷阱”里待了半个世纪。

经济与社会的协调发展是跨越中等收入陷阱的关键。中等收入陷阱期，呈现经济增长回落或停滞、金融体系脆弱、贫富分化、腐败多发、过度城市化、社会公共服务短缺、就业困难、社会动荡、信仰缺失等特征，基本上都属于社会问题。当前是我国经济发展的重要机遇期，也是各种社会矛盾交织的风险期。可以说，跨越中等收入陷阱的关键就在于经济与社会的协调发展，重点在于发展社会事业、实现社

---

① 龚高健. 成功跨越“中等收入陷阱”的路径探讨. 人民网，2013年2月16日.

会公平、解决民生问题。

从重经济轻社会到协调经济社会发展。许多陷入中等收入陷阱的国家，由于收入差距迅速扩大导致中低收入居民消费严重不足，消费需求对经济增长的拉动作用减弱，造成经济停滞不前。同时，收入差距扩大导致社会问题从生、社会矛盾激化，甚至出现社会动荡，成为严重拖累经济增长的重要原因。改革开放以来，我国坚持以经济建设为中心，社会生产力迅速发展，国家经济实力大大提高，人民生活水平显著改善，获得了举世瞩目的成绩。但是，在长期发展过程中，逐步形成了重经济轻社会的现象，这种情况不但影响社会稳定，而且影响经济增长的后劲。①

进入中等收入陷阱的关键期要做好以下几点。首先，高度重视社会建设、发展社会事业。加强社会建设是社会和谐稳定的重要基础，是经济持续健康发展的必要条件；发展社会事业是提高全体国民福祉的保障，是实现社会公平的重要方面。其次，深化收入分配制度改革，千方百计增加居民收入。进一步扭转以前较长时期内存在的居民收入增长落后于经济增长、居民收入占国民收入比重下降的局面，实现居民收入增长与经济发展同步、劳动报酬增长与劳动生产率提高同步。最后，扭转居民收入差距扩大趋势。

上述“五个中”作为中国发展“新常态”的突出特征，同时也是

① 萧灼基. 改变畸轻畸重状况协调经济与社会发展. 人民网，2005.

贵阳当前面临的发展阶段。贵阳想要在“五个中”时期发展得更好，就需要以创新驱动稳增长、促发展，以内涵式发展补短板、添后劲，着力推进优质高效、低能耗、低污染、低排放的可持续发展模式，走以人为核心的新型城镇化道路，打造大众创业、万众创新和增加公共产品、公共服务“双引擎”，促进经济社会持续健康发展。

新常态究竟靠什么引领

习近平总书记在APEC工商领导人峰会上指出：“中国经济呈现出新常态。”新常态具有三个特点：一是从高速增长转为中高速增长；二是经济结构不断优化升级；三是从要素驱动、投资驱动转向创新驱动。在新常态下，究竟通过什么来引领经济发展，需要重点探讨和研究。

靠资源还是靠创新?

20世纪50年代以来，全球经济发展迅速，社会生产力大幅度提高。经济发展主要依赖资源[①]的开发与投入，属于资源依赖型的经济发展模式，其主要特征是主导产业依赖相关资源而发展。

资源依赖型经济依靠消耗大量自然资源拉动经济增长。在过去相当长的时期内，无论是中国还是其他国家，都在一定程度上属于资源

① 此处资源指包括生物资源、农业资源、森林资源、国土资源、矿产资源、海洋资源、气候气象、水资源等在内的自然资源。

依赖型经济发展模式，各国在追求本国经济快速发展的同时，资源的有限性使得一部分较强势的国家开始通过低价购买甚至是抢夺的方式攫取其他国家的资源。改革开放30多年来，我国经济能够保持年均9%以上的高速增长，主要也来源于资源的大量消耗。对资源的高度依赖，造成了产业结构单一、经济增长模式脆弱且内生性不足，产品以初级产品为主，经济发展受宏观经济形势影响较大等问题。由于大多数资源无法再生，资源依赖型经济发展的可持续能力差。资源缺乏，经济的有效增长便无从说起。同时，人类对资源的大量攫取，造成了生态环境被严重破坏。2014年年末，卢布危机的爆发再次向全球宣告资源依赖型经济已入穷途，依靠资源消耗拉动经济的增长模式不可持续，亟待转型。[①]

当前，我国经济发展的内在支撑条件和外部需求环境都发生了深刻变化。人口红利、土地红利和其他资源优势消退，传统的以高耗资源为特征的粗放型发展方式难以为继。在经济发展的新阶段，我们必须革故鼎新，大力发展创新驱动型经济，以引领经济发展新常态。

创新驱动型经济将有效缓解资源瓶颈问题，消除资源依赖型经济的负外部性。创新驱动型经济将创新作为经济发展的强力引擎，不断为经济发展注入新活力。从经济发展的实践来看，技术的创新既更新了传统产品，又通过创新产生的新技术直接孵化出新产业，带动相关

① 卢布危机宣告资源依赖型经济已入穷途.证券时报，2014年12月23日.

产业的发展。与此同时，创新驱动型经济发展模式还从根本上改变了资源依赖型经济发展模式的负外部性。如通过科技创新可以大幅度提高资源利用率，减少资源需求，促进资源的合理有序开发与利用。创新驱动型经济的发展有效地缓解了资源瓶颈，摆脱了经济发展对资源的高度依赖，同时避免了对生态环境的破坏，有效保护了人类赖以生存的生态环境。

创新驱动型经济的结构性增长规避了要素报酬递减规律对经济增长的制约。从经济学理论层面看，经济发展过程中，要素的投入始终无法逃脱要素报酬递减的规律，即在该生产要素投入生产，要素投入量增加到一定程度以后，增加一单位要素所带来的产量增加量是递减的。传统的资源依赖型经济将资源作为主要的生产要素，不可避免地受到资源要素报酬递减规律的制约。而创新驱动型经济的增长是一种结构性增长，成功地规避了要素报酬递减规律的制约，为经济的持续稳定增长提供了可能。

创新驱动型经济自身具有经济增长动态适应机制。与传统增长模式相比较，创新驱动型经济自身具有经济增长动态适应机制，给予创新驱动型经济最活跃的因子，使其能够根据国际竞争环境的变化随时调整区域经济结构，适应快速变化的国际科技经济发展态势和竞争格局。这是以往任何经济增长模式都无法比拟的优势。正因为如此，人类历史上的三次产业革命都是由重大的科技进步和科技创新引发的，经济发展的历史实际上是伴随着科技创新引发产业革命的历程。

作为欠发达、欠开发的西部省会城市，贵阳必须将发展作为解决一切问题的关键。贵阳又是一个物产丰富的城市，拥有得天独厚的铝磷煤等矿产资源、中药材等生物资源。但是，作为地处喀斯特地区的中心城市，贵阳生态环境十分脆弱，一旦破坏就很难甚至根本无法修复。这就决定了贵阳不能单纯依靠粗放式的“铺大摊子”，而必须坚定不移地实施创新驱动发展战略。这是一条正确之路，也是一条艰辛之路。

靠人才还是靠环境？

随着全球化的发展，科技人才在全球自由流动，创新资源全球化配置趋势日益明显。各国在大力发展科教事业的同时，纷纷加大对优秀科技人才的吸引力度，加速科技创新、占领制高点。例如，美国先后数次修改移民法，以吸引全世界受过高等教育的人移民到美国；欧盟于 2011 年 5 月开始实施吸引杰出人才移民的“蓝卡工程”，吸引非欧盟国家的高素质人才。[①]科技与创新之争，最根本的还在于人才之争。

中国“依靠投资驱动、规模扩张、出口导向的发展模式空间已越来越小，必须更多依靠科技创新引领和支撑经济发展和社会进步”。[②]

① 中国必须加快向“创新驱动”战略转型. 搜狐财经，2015 年 2 月 13 日.

② 习近平在同外国专家座谈时强调：中国永远要做一个学习大国. 人民日报，2014 年 5 月 22 日.

人才是创新驱动的核心要素和主导力量，人才驱动是创新驱动的根本。其一，人才是创新意向的主导者。任何的科学发明、创造，乃至一个小小的创新，都来自人类的探索欲望和创新思维。其二，人才是创新的整合者。创新赋予水活力，赋予树木生机，赋予大自然一切新的血液、新的生命，人才集聚创新的思维，加以整合，最终充分激发人的创新智慧。其三，人才是创新活动的组织者。创新需要各类人才直接参与，更需对创新活动进行组织管理。其四，人才是创新成果的推广者。创新还在于成果的推广，必须将创新成果应用于实际生产生活中，创新才能发挥其真正的作用。近年来，我国高新科技创新企业涌现，得益于风险投资家、科学家、企业家等对创新成果的支持与推广。[①]

贵阳要实施创新驱动发展战略，必须从本地实际情况出发找准切入点。人才是科技创新的核心要素，而与其他发达城市相比，贵阳的人才差距确实很大，集中体现为总量不足、结构不优、层次不高。人才引进培养有内在规律性，我们要按照“不求所有、不求所在、但求所用”的原则，通过大平台建设、新兴产业选择、资本市场活跃、创新文化营造等举措，着力打造更有活力的创业创新生态系统，以一流的软环境吸引、留住和培养更多的人才。

靠政策还是靠制度？

政策管当前，制度管长远。政策具有时效性、阶级性和工具性。

① 任采文. 创新驱动实质上是人才驱动.《中国人才》杂志网站，2014 年 9 月 12 日.

而制度具有稳定性，不因人的改变而改变；制度具有全局性，任何人都在制度的制约之下；制度具有公平性，采取某种举措就会得到相应的反馈。如果说政策是一段时期内用以解决问题的工具，那么制度就是长期的从本质上根除病症的手段。决胜人才竞争不仅需要政策的实施，更需要有针对性的制度改革与制度创新。

创新为整个社会的发展注入了新鲜血液，创新所到之处无不迸发出生机与活力。面对新常态，我们需要在观念上打破常规，积极促进制度的改革与创新。制度的创新为人才的发展提供优质的环境，优质的环境引起人才的流动与汇聚，人才的汇聚引发“创新”浪潮，最终以创新驱动引领新常态。

改革开放以来，我国在科技人才的培养、选拔、使用、评价、激励、吸引等方面制定了大量相应的政策予以规范、引导，并逐渐形成了自己的体系。①这些政策确实在人才的引进、培育和激励方面发挥了积极的作用。但随着人才市场规模的不断扩大，政策作用的局限性凸显，迫切需要在制度方面进行突破与创新。

在新一轮信息化发展浪潮中，新常态下的中国迎来了大数据时代。作为中国大数据的策源地与产业集聚区，贵阳应牢牢抓住大数据发展机遇，以创新作为经济的强劲之脉，在创新中紧抓人才这一关键，通过制度的突破与创新，激发人才的活力与创新力，通过制度供给“做加法”，实现创业创新“做乘法”。

---

① 中国科技人才政策分析. 中国网，2005 年 6 月 28 日.

大数据如何驱动绿色崛起

绿色崛起是一种可持续发展的崛起，以生态保护为前提，以经济崛起为核心，以文化建设为支撑，以社会建设为基础，以政治建设为保障，以最小的环境代价和最合理的资源消耗换取最大的经济社会效益，推动经济社会跨越式发展。绿色崛起坚持经济发展与环境保护、生态建设并举，提高生态环境对经济社会发展的承载能力。大数据是一种跨界、跨代、颠覆性的创新，如何通过大数据驱动绿色崛起，关键在于理念重构、产业升级、技术创新和政府改革。

重构价值理念：绿色崛起的重要支撑

绿色崛起，理念先行。中共中央、国务院印发的《关于加快推进生态文明建设的意见》明确提出，“要将生态文明纳入社会主义核心价值体系”，力争到2020年，“生态文明主流价值观在全社会得到推行”。对于欠发达地区，要想通过大数据来实现经济生态的融合发展、双赢发展，关键是要摒弃过去传统的发展思路和发展理念，重构一种与生态文明主流价值观相一致的价值理念。

首先是要树立绿色发展观。党的十八大把生态文明建设纳入包括经济建设、政治建设、文化建设、社会建设在内的“五位一体”总布局，把推进绿色发展、循环发展、低碳发展，作为建设美丽中国、实现中华民族永续发展的战略举措。绿色发展观源于中国传统文化的生态智慧、马克思主义自然辩证法和可持续发展理念。习近平总书记曾指出："蓝天白云、青山绿水是长远发展的最大本钱，良好的生态环境本身就是生产力，也是一个地区的核心竞争力。"这正是一种保护生态的底线思维、生态与经济双赢的系统思维、建设生态文明的战略思维，从"环境保护论"上升到"生态发展观"，是新型的绿色发展观。

绿色发展观坚持人与自然的和谐。绿色发展建立在生态环境容量和资源承载力的基础上，是以效率、和谐、持续为目标的经济增长和社会发展方式。作为可持续发展观和科学发展观的延伸，绿色发展将生态环境作为经济发展的内在要素，在经济发展的同时兼顾生态效益，最终实现人与自然、人与社会的可持续发展。绿色发展就是要降低能耗和物耗，保护和修复生态环境，发展循环经济和低碳技术，使经济社会发展与自然相协调。

绿色发展观主张生产方式的绿色转型。当今中国，解决新旧环境问题，建设美丽中国，都必须加快生产方式的绿色转型，实现由"四化"到"五化"的转变，从根本上缓解经济发展与生态环境的矛盾，形成人与自然和谐发展的现代化建设新格局。绿色生产观要求生产过程对自然资源少污染或零污染，要求企业不能单纯考虑自身的短期利益，还应更多关注其社会利益和长期可持续发展。在经济新常态下寻求品质增长、内涵提升的质量效率型集约增长，能促使绿色化融入生产生活的各方面和全过程，与"四化"互促共进、相得益彰。绿色发展观坚持可持续发展的理念，在经济发展方面要求把过去单纯的资源生产模式向循环生产模式转变，努力提高资源利用率，用更少的资源去生产更多有价值的产品，以最小的环境代价去获得最大的经济效益和社会效益，将经济活动中的废弃物变为可利用的资源。

同时，还要建立绿色生态观。中共中央、国务院印发的《关于加快推进生态文明建设的意见》坚持把节约优先、保护优先、自然恢复为主作为生态文明建设的基本方针。“在资源开发与节约中，把节约放在优先位置，以最少的资源消耗支撑经济社会持续发展；在环境保护与发展中，把保护放在优先位置，在发展中保护、在保护中发展；在生态建设与修复中，以自然恢复为主，与人工修复相结合。”

绿色生态观强调生态环境的保护与开发并举。习近平总书记强调“经济发展不应是对资源和生态环境的竭泽而渔，生态环境保护也不应是舍弃经济发展的缘木求鱼”。生态环境要坚持在保护中开发、在开发中保护、在发展中保护，用良好生态保证可持续发展，以最小的环境代价实现最大的经济社会效益，使有限的资源环境得到永续利用。不能唯GDP论英雄，要把资源消耗、环境损害、生态效益等生态文明建设指标纳入经济社会发展评价体系，明确生态文明建设的目标导向和约束力。

绿色生态观主张节约优先、保护优先、自然恢复。面对资源约束趋紧、环境污染严重、生态系统退化的严峻形势，绿色生态观必须坚持节约优先、保护优先、自然恢复的理念。在资源层面把节约放在首位，在环境层面把保护放在首位，在生态层面以自然恢复为主，三个方面形成统一的有机整体。节约优先，就是要着力推进资源节约集约利用，提高资源利用率和生产率，降低单位产出资源消耗，杜绝资源浪费。保护优先，就是要加大环境保护力度，坚持预防为主、综合治理，以解决损害群众健康突出环境问题为重点，强化水、大气、土壤等污染防治，减少污染物排放，防范环境风险，改善环境质量。自然恢复，就是要加大生态保护和修复力度，由事后治理向事前保护转变、由人工建设为主向自然恢复为主转变，从源头上扭转生态恶化趋势。

发展观、生态观，最后都体现为绿色生活观。中共中央、国务院印发的《关于加快推进生态文明建设的意见》积极倡导勤俭节约、绿色低碳、文明健康的生活方式和消费模式，不断提高全社会的生态文明意识。近年来，贵阳市民的生态意识明显提高。生态环保、绿色低碳理念和行动蔚然成风，“保护环境就是贡献、破坏环境就是犯罪”已成为广大群众的共识。

绿色生活方式是既能满足个人高质量生活需求，又能保护自然生态环境的一种生活方式。绿色生活方式追求简朴和低碳，不是过度消费，更不是浪费型消费。简朴生活以节约为本，拒绝高消费，抑制贪欲和浪费，反对豪华、奢侈和挥霍；低碳生活注重低消耗、低能耗、低排放和低污染。人人都是生态文明的践行者，人人都是绿色生活的倡导者，生态文明价值观是一种价值共识，体现在每个人生活、工作中的点点滴滴，体现在吃、穿、住、用、行的方方面面，涉及每个人的思想观念、行为习惯。将生态文明价值观内化于心、外化于行，以春风化雨、润物无声的方式触及灵魂，深入人心。从身边的点滴小事做起，少用一张纸、节约一度电、多走几步路，养成勤俭节约、绿色低碳、文明健康的生活方式。

绿色消费是指以人与自然的和谐为目标，既能满足生态需求又能保护消费者健康，符合人与环境健康发展的一切消费行为。绿色消费方式倡导绿色消费、适度消费，反对炫耀性消费，树立可持续发展的消费观，选择环境友好型消费方式。在生活消费方面，摒弃高消费与高享受的生活方式，鼓励人们选择既能保证自己生活质量，又不会对社会生态环境造成破坏的低碳环保的生活方式。绿色消费能够在全面提高社会生产力与发展经济的同时，提高人们的生活质量。从社会公德、职业道德、家庭美德和个人品德入手，宣扬亲近自然的生活理念，提倡勤俭节约、保护环境的社会风尚，建立生态文明的道德规范。推广可持续发展的消费模式，实行环境标志认证和政府绿色采购，提倡绿色出行。完善绿色消费激励政策，完善绿色消费体系，以绿色消费带动绿色生产。

加快技术创新：绿色崛起的核心动力

“绿色”不仅指自然生态，而是涵盖政治、经济、社会、生态等各个领域，包含着人与自然的和谐，经济与人文的和谐，物质与精神的和谐，发展与民生的和谐等。在全球新一轮科技革命与产业变革的机遇和挑战下，面对经济发展新常态下社会发展的新趋势和新变化，需要加快技术创新，为绿色崛起提供核心动力。

为生态保护提供技术支撑。在生态保护领域，借助大数据，可以将收集到的各项环境质量指标数据，传输到数据中心库进行分析，用于指导环境治理方案的设计，对环境治理效果进行实时监测，进一步优化治理方案，并将相关环境治理数据公之于众，鼓励社会参与环境治理的监督和评估。推动大数据和生态保护相结合，可以实现 365 天 × 24 小时的环境状况监测，可以采用可视化的环境数据分析结果和数据模拟立体化环境治理平台，帮助环保部门实施对污染源的有效管理，实现对污染源企业的精准锁定。

为产业发展提供技术支撑。在大数据时代，产业发展获得前所未有的机遇。产业发展需要具有自主知识产权的核心技术和关键技术作支撑。把推动信息化和工业化深度融合，作为产业升级转型和结构调整的重要突破口。发展新一代大数据信息技术产业，将移动互联网、云计算、大数据、物联网等与现代制造业结合，促进电子商务、工业互联网和互联网金融健康发展，实现产业形态、生产方式、商业模式的变革，从而提升传统产业，推动制造业智能化、绿色化、服务化的发展，构建现代产业体系。

为社会治理提供技术支撑。党的十八大报告指出，加强社会建设，必须加快健全基本公共服务体系，加强和创新社会管理。谋民生之利，解民生之忧，就必须着力提升人民群众的幸福指数，实现学有所教、劳有所得、病有所医、老有所养、住有所居。我国在社会建设和社会治理领域拥有海量数据，但都是孤立、离散的，半结构化或非结构化的。大数据的价值在于提高社会治理决策的科学化与过程的精细化，推动治理主体间的协同与合作，促进社会治理体制由碎片化向网格化转变。大数据技术从认识、理论、方法、实践和效果评估等方面深化了社会治理创新。通过大数据分析，发现区域社会治理和社会建设的规律特点和水平差异，实施差异化社会治理战略，更全面有效地创新社会治理，推进社会建设。大数据在智慧城市建设方面的应用，包括医疗、交通、安全、就业、教育等公共服务领域，将这些数据以及各类企业提供的数据集成整合、开放共享，政府就能够精确分析公众的实际需求，提供长尾化和个性化的民生服务。同时基于数据模拟等技术，可以提前预测重大民生事项，变模糊被动的后端治理为见微知著的前端治理，降低服务成本，提升服务效率。

驱动产业升级：绿色崛起的基本途径

如果说工业革命最重要的资源是煤炭、石油，那么，大数据时代，数据就是产业发展最重要的资源，是助推现有产业升级与新兴产业诞生的重要力量。抓产业转型升级，就要坚决摒弃粗放型发展模式，推动产业绿色发展、低碳发展、循环发展，走集约化、内涵式发展道路，提升产业发展层级，提升区域综合竞争力。

推动绿色发展，做到低污染。绿色发展，就是要通过生态文明建设，构建起科技含量高、资源消耗低、环境污染少的产业结构。对于欠发达地区来说，要守住生态底线、绿色红线，自觉与“两高一低”（高能耗、高污染、低效益）的落后产业决裂，自觉与以牺牲环境为代价换取发展的增长方式决裂。要根据自然条件、要素禀赋、经济发展水平，大力推进以特色农业、生态旅游、会展服务、劳务经济等为主的绿色发展模式。

推动低碳发展，做到低排放。经济的可持续发展要在节能减排与促进发展之间合理平衡，才能真正改善生产生活条件，实现绿色低碳发展。发展循环经济是延长产业链、减少污染物排放，实现低碳发展的重要途径。为此，要发展低碳能源技术和改善能源结构，提高城市工业、交通、建筑、居民等各领域能源利用效率；要通过节约能源、改善能源结构、增加森林碳汇等措施，降低能耗强度和碳强度，重点解决能源可持续和能源消费引起的气候变化等环境问题；要构建城市新型低碳化的交通、建筑、产业体系，倡导新型低碳化社会生活模式；要通过推进企业节能减排技术研发，构建节能技术服务体系，不断增强企业节能减排的内在动力。

推动循环发展，做到低能耗。循环发展奉行资源节约型、环境友好型的生产方式和生活方式，通过在生产、流通、消费各领域和环节贯彻减量化、再利用、资源化的原则，构建循环型产业体系和资源循环利用体系。大力发展循环经济，推动经济增长与资源节约和环境保护协调发展，要重点解决资源永续利用和资源消耗引起的环境污染问题。传统生产观是最大限度地开发利用资源，最大限度地创造社会财富，最大限度地获取利润，利用资源的高投入、低利用以及废弃物的高排放和生态环境的高污染来获得经济利益。循环发展强调污染预防和废弃物循环利用以及资源能源的节约，兼顾经济效益和生态效益，通过减量化、再利用、再循环使生产的各个环节相互依存，形成共生的网状循环经济产业生态链，达到资源的集约利用和循环使用，使资源的利用达到精益化。

倒逼政府改革：绿色崛起的制度保障

中国经济发展步入新常态，如何能实现调速不减势、量增质更优，必须在深化改革和创新驱动上做文章。政府是数据最大的拥有者，又是数据最大的需求者，更是数据最大的提供者。在政府治理中运用大数据等现代技术，能够显著提高政府科学决策、监管市场、公共服务、社会管理和生态文明建设等能力。

市场运作，全民参与。政府、市场、企业、公众都是产生海量数据的主要源头。在市场经济发展的今天，应该充分发挥无形之手和有形之手的作用。政府相关惠民政策和制度的制定都以市场需求和公众需求为导向，建立政府政务数据开放平台，与公众互动交流沟通，了解民心所向、民之所需、民之所求，向公众提供实用的信息咨询服务和平台应用系统。另外，对于政府没有能力提供或者不能更好提供的公共服务，政府应该主动交给市场，以政府购买服务的方式优化相关服务方式和类别，以提高服务的质量和效率。政府为打破数据垄断，应建立以市场为主导的政府数据资源运行机制，按市场规律和风险等级开放政府数据资源，授权和鼓励第三方参与政府数据资源开发。

信息越开放，政府越透明。政府信息涵盖了行政权力运行、财政资金、公共资源配置、公共服务、公共监管等重点领域。政府信息公开是防治腐败的重要措施。政府信息资源涵盖全社会信息的80%，既是公众了解政府行为的直接途径，也是公众监督政府行为的重要依据。公开更多的政府信息，也必然指向转变政府职能，约束权力运行，提高行政效率。政府信息越是公开透明，地方发展就越能在未来抢占先机。大数据平台作为推进政府信息公开的强大工具，改变了信息发布方（被监督者）和信息需求方（监督者）的信息供求关系，促使政府和民众互动常态化、理性化和规范化，避免因信息不对称造成的信任危机。同时通过打通政府与社会的信息壁垒，实现便捷的横向交流与互动，改变过去“大政府、小社会”的思维模式，适应经济全球化和信息化时代的发展。

制约权力任性的空间。简政放权、制约权力的任性空间，是建设法治政府和服务型政府的关键。大数据时代，在优化政府服务办事流程的同时，为反腐倡廉的制度创新提供了支持。通过大数据把执法权力关进“数据铁笼”，让失信市场行为无处遁形，权力运行处处留痕，为政府决策提供科学依据，实现“人在干、云在算”。将云计算、大数据与企业信息技术平台有机对接，建立综合信息平台。通过数据平台监督审视公共治理和社会环境，针对土地出让、政府采购、工程建设、行政审批、国有企业改革等腐败易发多发的重点领域和群众反映强烈的突出问题，利用大数据信息技术规范权力运行，以科技保证制度执行，以平等竞争保障市场机制作用的发挥，在回应群众关切中传导压力和动力，减少腐败问题的发生。利用电子信息技术的标准化、严谨化和精确化特点，在政府管理方面，把各种工作流程固化于数据系统中，通过程序设定科学合理的岗位目标、工作权限、职责范围和行为规范，各种行政行为就会在系统中留下痕迹，大大压缩诱发不廉洁行为的“灰色空间”，实现政府行政管理精细化，弥补体制机制、法律规范的空缺，扎紧和筑牢制度“篱笆”。

绿色崛起既是贵阳双赢发展的战略路径，又是贵阳双赢发展的终极目标。针对当前大数据发展的良好契机，贵阳以重构价值理念为支撑，以技术创新为动力，以产业升级为路径，以政府改革为保障，坚守发展和生态两条底线，大力促进改革推动、开放带动、创新驱动，努力走出一条西部欠发达城市经济发展与生态改善的双赢之路。

结 语

鱼与熊掌兼得

“鱼，我所欲也，熊掌亦我所欲也；二者不可得兼，舍鱼而取熊掌者也。”这段出自《孟子·告子上》的经典篇章，的确是我们经常会遇到的难题。之所以难，难在取舍。对于新常态下的中国而言，发展和生态就是这样一种两难的选择。破解这个难题的根本就是，树立新目标、建立新机制、走出新路子。

以破坏生态环境为代价换取一时的发展无异于“饮鸩止渴”。但是，中国仍然是世界上最大的发展中国家，发展是解决中国所有问题的关键所在。我们需要做出选择的，不是要不要发展，而是要什么样的发展。从“经济建设、政治建设、文化建设、社会建设、生态文明建设”五位一体的中国特色社会主义总体布局，到“协同推进新型工业化、信息化、城镇化、农业现代化和绿色化”五化的提出，中央的一系列顶层设计，勾画了一个新蓝图、新愿景、新目标，汇集了一股新思想、新论断、新举措，反映了社会呼声、回应了公众诉求、符合发展的期盼，这就是生态既要全面保护经济又要持续发展的内涵。

强调生态保护，是为经济持续发展夯实基础。生态问题的核心是失衡，反映在经济上，就是结构失衡。结构决定发展后劲，主动适应经济新常态下结构调整的新特点、新趋势，以生态环境保护为切入点，优化经济发展空间布局，大力调整产业结构，加快培育新产业、新业态、新模式，不断开拓新的市场机会，是推动经济持续发展的基础。

强调经济发展，是为生态保护创造更大的空间。经济发展与生态保护的要求是可以相互适应的，这也是符合人类发展的基本规律的。“中国经济体量大、韧性好、潜力足、回旋空间大、政策工具多。”在实施更加严格、更加严密的生态保护的过程中，一些“老速度”可能会放缓，但一些“新速度”也正在发力。走发展与生态双赢的可持续发展之路，是经济新常态下的大势，我们务必顺势而为。

新常态区别旧常态，新常态不是非常态。认识新常态、适应新常态、引领新常态，不能用非常态的方法来应对，该淘汰的不淘汰，该转移的不转移，该加力的不加力，新瓶装老酒，不痛不痒，缩手缩脚，必然贻误时机。新常态需要新机制。2015 年，中央几乎同时下发《关于深化体制机制改革加快实施创新驱动发展战略的若干意见》和《关于加快推进生态文明建设的意见》，就是要推动以改革促创新、以创新促发展。用好用足中央出台的这一系列改革措施和政策工具，更加主动地加大体制机制改革力度，关键还是要割舍既得利益，兼顾长远利益，建立和完善政府引导市场发挥作用的规则、机制和政策。

实现梦想、应对挑战、创造未来，动力只能从发展中来、从改革中来、从创新中来。发展与生态要“鱼与熊掌兼得”，唯有充分发挥科学技术作为第一生产力的作用，实施创新驱动发展战略。实际上，人类在科技创新方面的突破和进步，往往是把压力转化为动力的结果。但真正的创新，必须是掌握主导权的自主创新。习近平总书记曾指出，“核心技术靠化缘是要不来的，必须靠自力更生。”只有通过自主创新，把核心技术掌握在自己手里，才能掌握博弈的主动权，才能为发展与生态相互促进、良性循环赢得机遇和空间。

新常态下的中国，无论是推动经济发展的问题，还是化解诸多社会矛盾；无论是解决资源环境约束加剧的问题，还是生态保护、污染治理的问题，都需要营造积极的创新生态，培育丰厚的创新土壤，释放全社会的创新活力。从这个层面上来说，贵阳的双赢之路非一地独有，带来的是新常态下探索中国道路的新希望。